WISSENSCHAFTLICHE BEITRÄGE
AUS DEM TECTUM VERLAG

Reihe Sozialwissenschaften

Ellen M. Zitzmann ist nach ihrer Lehre zur Industriekauffrau und ihrem Studium der Sozialpädagogik weiteren (sozial-)psychologischen Studien in den USA mit dem Schwerpunkt Conflict Analysis and Transformation nachgegangen. Viele Jahre engagierte sie sich für das amerikanische Projekt „The Alternatives to Violence Project" in New York.
Heute arbeitet sie in der Verlagsbranche in Deutschland und in Österreich. Darüber hinaus berät sie eine amerikanische Krisenmanagement Firma in Atlanta und ist als Referentin tätig. Neben zahlreichen Fachpublikationen, entwickelte sie zusammen mit einem Expertenteam Bildungs- und Präventionsprogramme für den gemeinnützigen Verein Power for Peace e. V., den sie 1995 in München gegründet hat. Von 2009–2011 absolvierte sie ein berufsbegleitendes Masterstudium in internationaler Kriminologie an der Universität Hamburg mit dem Schwerpunkt männliche Gewalt, Täterschaft und Opferwerdung.

WISSENSCHAFTLICHE BEITRÄGE
AUS DEM TECTUM VERLAG

Reihe Sozialwissenschaften

Band 55

Ellen M. Zitzmann

Opfer Mann?

Männer im Spannungsfeld von Täter und Opfer

Tectum Verlag

Ellen M. Zitzmann

Opfer Mann? Männer im Spannungsfeld von Täter und Opfer
Wissenschaftliche Beiträge aus dem Tectum Verlag:
Reihe: Sozialwissenschaften; Bd. 55

ISBN: 978-3-8288-3086-8

ISSN: 1861-8049

Umschlagabbildung: © suze | photocase.com

Druck und Bindung: CPI buchbücher.de, Birkach
Printed in Germany

Besuchen Sie uns im Internet
www.tectum-verlag.de

Bibliografische Informationen der Deutschen Nationalbibliothek
Die Deutsche Nationalbibliothek verzeichnet diese Publikation in der Deutschen Nationalbibliografie; detaillierte bibliografische Angaben sind im Internet über http://dnb.ddb.de abrufbar.

Inhalt

Impuls **7**

Einleitung **9**

Diskursbeschreibung **10**

1. Männerforschung **11**

1.1 Theoretische Grundlagen 12

1.2 Überblick 17

1.3 Repräsentative Studien in Deutschland 19

2. Männlichkeit: Entstehung, Macht, Geschlecht **25**

2.1 Zum Männlichkeits-Konzept 25

2.2 Männlichkeits-Modelle 29

2.2.1 Das Patriarchats-Konzept 29

2.2.2 Das Habitus-Konzept 31

2.2.3 Das Konzept der hegemonialen Männlichkeit 33

2.2.4 *Doing gender / Doing masculinity* 39

3. Männliche Sozialisation und Persönlichkeitsentwicklung **43**

3.1 Das Konzept Nicht-Nicht-Mann 45

3.2 Das Konzept Entgrenzung von Männlichkeit 48

4. Männliche Trias: Devianz, Delinquenz, Viktimisierung **51**

4.1 Zum Gewaltbegriff 52

4.2 Täterschaft und Opferwerdung 54

4.2.1 Hellfelddaten 54

4.2.2 Dunkelfeld-Jugendstudien 56

4.2.3 Männerstudie 2009 61

4.2.4 Innerfamiliäre Gewalt- und Missbrauchserfahrungen 63

4.2.5 Konsequenzen männlicher Sozialisation 64

4.3 Theorien abweichenden Verhaltens 67

4.3.1 Historischer Überblick 68

4.3.2 Kriminologische Theorien und Ansätze 69
4.4 Sozialpsychologische Forschungsexperimente 78

5. Männerkulturen und Männlichkeitsdarstellungen 81

5.1 Reproduktionsstätten hegemonialer Männlichkeit 81
5.1.1 Konzept *Accomplishing gender* 82
5.1.2 *Peergroups* 83
5.1.3 Männerstrafvollzug 84
5.1.4 Erklärungsansätze 85
5.2 Männliche Ehre und Ehrbedrohung 86
5.2.1 Der Habitus der männlichen Ehre 87
5.2.2 Modell *Culture of Honor* und GLMN 88
5.2.3 Phänomen Ehrenmord 90
5.2.4 Erklärungsansätze 95
5.3 Militärische Männerkultur 97
5.3.1 Faszination der Gewalt 99
5.3.3 Phänomen *appetitive Aggression* 103
5.3.4 Erklärungsansätze 108

6. Männlichkeit und Veränderung 111

Resümee 115
Ausblick 119

Literatur 125
Abkürzungen 133

Impuls

„Männer verlieren beim Aufstieg zum Gipfel die soziale Intelligenz und das Einfühlungsvermögen" (Fichtner / Kurbjuweit 2011: 82). Überdies werden sie übermütig, büßen ihre (Selbst-)Kontrolle ein und „[...] verfallen dem Irrglauben, ihre Macht und ihr Ruhm müssten doch für alle Frauen attraktiv sein. Und wenn sich eine wehrt, dann spielt sie vielleicht nur ein besonders reizvolles Spiel – und von hier aus ist es nicht mehr weit zu Gewalt und zum kriminellen Akt" (ebd.: 82). Neuropsychologisch lässt sich in Zusammenhang mit dem männlichen Jagdtrieb festhalten: „Hunting for men, more rarely for women, is fascinating and emotionally arousing with the parallel release of testosterone, serotonin and endorphins, which can produce feelings of euphoria and alleviate pain" (Elbert / Weierstall / Schauer 2010: 100).

Männlichkeit hat viele Facetten, und sicherlich kann nicht kategorisch behauptet werden, „[...] dass jeder Mann in einer Machtposition entweder korrupt und machtbesessen ist oder es bald sein wird" (Bly 2010: 38) bzw. in schwierigen oder günstigen Situationen zum Opfer seines (Jagd-)Triebes, seiner Hormone und infolgedessen zum „Rambo" wird. Bly konstatiert in seiner Laudatio auf den „wilden alten Mann", den moderne Gesellschaften zunehmend einschränken, Männlichkeit als eine positive Energie, bezugnehmend auf „[...] Intelligenz, robuste Gesundheit, mitfühlende Entschlossenheit, Wohlwollen und großzügige Führung" (ebd.: 9, 38): Eine Männlichkeit, die zu allem fähig ist und fähig sein muss.

Einleitung

Es ist auffällig, dass im Zusammenhang mit Männlichkeit vermehrt Verbindungen zu Aggressivität und Gewalthandeln diskutiert werden, infolgedessen Defizite und defizitäres Verhalten. Darüber hinaus dominieren Diskussionen über den neuen, veränderten Mann im Gegensatz zu Diskussionen über das männliche Risiko einer Opferwerdung. Angesichts dieses vernachlässigten Bereichs sowie der überproportionalen männlichen Präsenz bei Täterschaft und Opferwerdung werden hier das System hegemonialer Männlichkeit, männliche Lebenswelten, Männerkulturen und Männlichkeitsdarstellungen sowie die damit verbundenen Kriminalisierungs- und Viktimisierungsrisiken wissenschaftstheoretisch untersucht und Erklärungsansätze bzw. -versuche dafür erarbeitet.

Zur Erörterung des Themenkomplexes werden auf der Basis von relevanten Männlichkeitsmodellen (u. a. Bourdieu 2005, Connell 1987, 1999, Hearn 1992, Meuser 1999, 2010) folgende Themenbereiche erörtert: Männerforschung, Männlichkeit, Entstehung, Macht, Geschlecht, männliche Sozialisation und Persönlichkeitsentwicklung (Böhnisch 2003, 2004, Hagemann-White 1984, Brandes 2001, 2002). Ein Schwerpunkt bildet Männlichkeit im Spannungsfeld von Devianz, Delinquenz und Viktimisierung unter Einbezug von Hellfeld-Daten, Dunkelfeld-Jugendstudien und der Männerstudie 2009. Theorien abweichenden Verhaltens (u. a. Merton 1979, Braithwaite 1989, Katz 1988 Agnew 1992), sozialpsychologische Forschungsexperimente (Zimbardo 2008, Milgram 1974), geschlechtssoziologische (Messerschmidt 1993, Kersten 1997a, b), kulturelle, historische (Nisbett/Cohen 1996, Dinges 2005, Neitzel/Welzer 2011) und neuropsychologische Ansätze (Elbert/Weierstall/Schauer 2010) werden zur Entwicklung von differenzierten Erklärungsansätzen für Männlichkeitsdarstellungen in spezifischen Männerkulturen und in Bezug auf Devianz, Delinquenz und Viktimisierung diskutiert.

Daraus folgend werden Kriminalisierungs- und Viktimisierungsrisiken von (hegemonialen) Männlichkeiten identifiziert sowie Präventions- und Forschungsansätze skizziert.

Diskursbeschreibung

Angestrebte Diskursziele sind eine differenzierte wissenschaftstheoretische Grundlage zum Komplex männliche Täterschaft und Opferwerdung, Ansätze für ein Präventionsprogramm für Jungen und junge Männer sowie für weitere Forschungsvorhaben. Aufgrund von zahlreichen heterogenen Perspektiven und theoretischen Ansätzen, die den Männerdiskursen zugrunde liegen, ist für diese Arbeit eine interdisziplinäre kritische Diskursanalyse (vgl. Jäger 2009: 222–232) unter Einbezug der Foucault'schen Grundsätze vorgesehen: In der diskursiven Praxis geht es um die Herstellung von Beziehungen zwischen heterogenen Elementen, woraus ein Formationssystem entsteht, d. h. ein komplexes Bündel von Beziehungen, „[...] die als Regel funktionieren [...]" (Foucault 1981: 108) und das sich auf nichts anderes bezieht als auf „[...] gesagte Dinge, auf Sätze, die wirklich gesprochen oder geschrieben worden sind [...]" (ebd.: 159), woraus sich bestenfalls ein intertextuelles dynamisches Netzwerk aus Theorie und Praxis entwickelt.

Im Wissen, dass Diskurse – eigene wie fremde – Macht ausüben, selbst ein Machtfaktor sind und deshalb geeignet sind, Verhalten und (andere) Diskurse auszulösen sowie zur Strukturierung von Machtverhältnissen in einer Gesellschaft beizutragen (vgl. Jäger 2009: 149), wird der Diskurs selbst in seinen Zusammenhängen hinterfragt und überprüft.

1. Männerforschung

In der Männerforschung geht es zum einen um das grundlegende Problem, wie „[...] der *Zusammenhang von Individuum und Gesellschaft [...], insbesondere der von Körperlichkeit und Gesellschaftlichkeit* gedanklich erfasst werden kann" (Brandes 2002: 19). Zum anderen setzt die Männerforschung bei der Frage nach den Entstehungsbedingungen und den Veränderungsmöglichkeiten von Männlichkeit an dem Paradox an, dass trotz der „[...] Zugehörigkeit zu einem ökonomisch, politisch und sozial privilegierten Geschlecht [...]" (ebd.: 18) und obwohl „[...] heterosexuelle Männer sich in einer wirtschaftlich, ideologisch und sexuell dominierenden Position befinden" (Connell 1999: 237), Männer mehrfach gefährdet sind hinsichtlich Gewaltausübung und Opferwerdung, aber auch in Bezug auf emotionale Vereinsamung, niedrigere Lebensdauer und ihre höhere Anfälligkeit für lebensbedrohlichen Krankheiten, Suizidhäufigkeit und chronische Überforderung, wobei genau dieser Widerspruch die Männerforschung „[...] für neue und breitere Männerkontexte und auch etablierte wissenschaftliche Diskurse anschlussfähig" (Brandes 2002: 18) macht.

Da sich „männlich" und „weiblich" aufeinander beziehen, kann die „[...] Ausblendung des einen Geschlechts nicht ohne Auswirkungen auf die Wahrnehmung des anderen sein" (ebd.: 14), wie es in den feministisch besetzten und antipatriarchalisch definierten Männerdiskursen um die Krise des Mannseins bei der Geschlechteremanzipation sichtbar wird.[1] Als die identifizierten Unterdrücker und als jene, denen diese Rolle „einverleibt" wurde, war es Männern schlicht unmöglich, Frauen zu konfrontieren (vgl. Böhnisch 2003: 11). Der Umstand, dass sich Männer nicht selbst entthronen und dass deshalb möglicherweise „[...] ureigenste Fragen von Männlichkeit zögerlich angegangen werden" (Brandes 2002: 14), mag ein wesentlicher Grund für das zaghafte Aufgreifen von Geschlechterfragen und für verzerrte Ergebnisse in Bezug auf die männlichen Macht- und Domi-

---

1 Zwei Argumentationsformen zur Krise des Mannseins haben sich in fast 100 Jahren verfestigt, die zu einer Spaltung der Männerdiskurse führten: Die Krise tritt mit dem gesellschaftlichen Aufstieg der Frau zutage und macht deutlich, dass die Stärke des Mannes lange Zeit an die Schwäche der Frau gebunden war. Sie wird zur Sinnkrise, wenn sich Frauen aus den Fesseln der Männerherrschaft lösen können, weil damit ein gesellschaftlicher Machtverlust für die Männer einhergeht. Andererseits bleiben Männer aufgrund ihrer Verstrickung in Produktionsprozesse und durch den Leistungszwang fremdbestimmt (vgl. Böhnisch 2003: 25, 33).

nanzstrukturen sein (vgl. Connell 1999: 25, vgl. Hearn/Morgan 1990: 6–7, vgl. Meuser 2010: 94). Daraus folgend rückt heutzutage „[...] *der Wandel der Geschlechterverhältnisse im Kontext der industriekapitalistischen Modernisierung der letzten* einhundert Jahre" (Böhnisch 2003: 27 f.) in den Mittelpunkt der Männerforschung und damit verbunden der Blick nach vorn, nämlich „[...] die Dialektik der gesellschaftlichen Modernisierung, in die auch die Frauenfrage eingebettet ist" (ebd.: 28).

Männerforschung – so kann zusammengefasst werden – ist eine „[...] interdisziplinäre Forschung über Männer als Geschlechtswesen, männliche Lebenswelten, Männer und Männlichkeiten" (Brandes 2002: 14) im historischen wie im soziokulturellen Kontext unter Einbezug der jeweiligen Konstrukte und der daraus resultierenden Konsequenzen männlicher Dominanz für beide Geschlechter (vgl. ebd.: 14). Sie ist ein Teilbereich der Geschlechterforschung bzw. der *gender studies* (vgl. Meuser 2010: 94) und „[...] heute noch ein extrem junger und geradezu exotischer Randbereich der Wissenschaft" (Brandes 2002: 14, vgl. Meuser 2010: 94), vor allen Dingen in Deutschland – im Unterschied zur Frauenforschung, die sich als anerkannte Forschungsrichtung etabliert hat, unabhängig davon, dass in der Männerforschung die theoretischen Diskussionen an Niveau gewinnen und sich hier eine breitere empirische Forschung entwickelt.

1.1 Theoretische Grundlagen

Im 20. Jahrhundert prägten drei bedeutende Ansätze die Männerforschung und somit die Art und Weise, wie Wissen über Männlichkeit entstanden ist (vgl. Connell 1999: 25–64):

1. Der psychoanalytische Ansatz, der sich auf klinisch-therapeutisches Wissen stützt und bei dem Freud den Versuch unternahm, Männlichkeit wissenschaftlich zu erklären. Freud erkannte in seinen Studien zum Ödipuskomplex, „[...] dass Sexualität und soziales Geschlecht nicht naturgegeben sind, sondern in einem langen und konfliktreichen Prozeß erst konstruiert werden" (ebd.: 27), dass Männlichkeit sich in einem prägenden Beziehungswirrwarr herausbildet sowie Heterosexualität eine brüchige Konstruktion ist. Zur Weiterentwicklung seiner Sicht eines konstruktivistischen Geschlechteransatzes analysierte Freud die vorödipale,

narzisstische Männlichkeit. Anhand seines Lehrstücks „Wolfsmann" verdeutlicht er „[...] die inneren Spannungen der männlichen Persönlichkeit und ihre lebenslangen Veränderungen" (ebd.: 28), was schließlich zur Entwicklung seines Über-Ich-Konzeptes führte.[2] In seinen psychoanalytischen Analysen über Männlichkeit[3] hob Freud stets hervor, „[...] daß Männlichkeit nie in Reinform existiert" (ebd.: 28). Obwohl sich seine Theorie mit der Zeit wandelte, „[...] blieb er von der Komplexität des sozialen Geschlechts und den weiblichen Anteilen in der Persönlichkeit eines jeden Mannes überzeugt" (ebd.: 28).

2. Der rollentheoretische Ansatz, dessen zentrale Aussage die Unterscheidung von biologischem Geschlecht (sex) und sozialem Geschlecht bzw. der Geschlechtsidentität (gender) ist. Er bezieht sich auf die Theorie des Konzepts der sozialen Rolle[4] und der biologischen Geschlechtsrolle: „Männlichkeit und Weiblichkeit werden als die verinnerlichten Geschlechtsrollen betrachtet, als Folge des sozialen Lernens bzw. der ‚Sozialisation'" (ebd.: 41). Soziale und kulturelle Einflüsse zur situativen und kontextbezogenen Bewerkstelligung von Geschlechtszugehörigkeit werden ausgeblendet (vgl. Kersten 1997: 4b).[5] Erst Talcott Parsons (1902–1979) soziologischer Ansatz in seinem 1956 veröffentlichten Buch Family, Socialization and Interaction Process führt zu einer

2 Freud beschreibt ausführlich die soziologischen Dimensionen des Über-Ichs, das imstande ist, die Aggressionstriebe der Menschen zu kontrollieren (vgl. Freud 1972: 102–106).

3 Alfred Adler, Karen Horney, Wilhelm Reich, später C. G. Jung und Erik Erikson beschäftigten sich mit männlicher Entwicklung, Identität und Dominanz. Die differenzierte Sicht von Freud zur psychosexuellen Entwicklung fehlte ihnen jedoch, und ihre Ansätze wurden wegen des konservativen Umgangs mit dem sozialen Geschlecht heftig kritisiert (vgl. Connell 1999: 28–39).

4 Damit sind normative Verhaltenserwartungen gemeint, „[...] die von Bezugspersonen an die Inhaber einer sozialen Rolle herangetragen werden" (Bründel/Hurrelmann 1999: 22, s. Kapitel 3).

5 Da sich die Vorstellung angeborener Geschlechtsunterschiede mit dem Ansatz der Geschlechtsrolle einfach erklären lässt, gerieten komplexere Sichtweisen aus dem Blickfeld. Die Annahme von feststehenden Geschlechterrollen führt nach diesem Modell zu problematischen Zuschreibungen wie z. B., dass Aggression stets dem männlichen Geschlecht zugeordnet wird (vgl. Kersten 1997: 4b).

differenzierteren Sichtweise, in der das soziale Geschlecht „[…] von den unterschiedlichen Funktionen in sozialen Gruppen" (ebd.: 41) abgeleitet wird. Darüber hinaus hat die Theorie der sozialen Interaktion von Mead (1863–1931) „[…] durch die Betonung der ständigen […] Interaktion der Jungen und Mädchen mit ihren jeweiligen Bezugspersonen zu einem differenzierten Verständnis des Erlernens der Geschlechtsrolle beigetragen" (Bründel / Hurrelmann 1999: 22). Das zentrale Thema bei diesem Ansatz ist die Veränderung, wobei – bedingt durch den Feminismus – Machtfragen und die Unterdrückung der Frauen im Mittelpunkt der Geschlechtsrollenforschung standen. Erst in den 70er-Jahren setzte Joseph Pleck „[…] der ‚traditionellen' eine ‚moderne' männliche Rolle gegenüber" (Connell 1999: 43). Bei diesem Ansatz ist der Begriff „Geschlechtsrolle" irreführend, weil er eine „[…] ungeeignete Metapher für geschlechtsbezogene Interaktionen" (ebd.: 45) ist: Handeln wird auf eine Struktur bezogen, die auf biologischen Unterschieden beruht und nicht auf sozialen Beziehungen. Somit fördert er ein Kategoriendenken, das zu Fehlinterpretationen der sozialen Realität und zur Vernachlässigung von Strukturen führt, bedingt durch Rasse, Klasse oder Sexualität. Machtaspekte können mit diesem Ansatz kaum erfasst werden. Somit kann er zur Verharmlosung von Gewalt wie zu stereotypen Zuschreibungen (s. Fußnote 5) führen. Mit anderen Worten: Bei diesem Denkansatz ist die schematische Sichtweise, d. h. die Trennung der Individuen von ihrer subjektiven Realität problematisch, weil die gesellschaftliche Definition von Geschlechterrollen erklärt und Bedingungen für das Nicht-Übernehmen dieser angegeben werden müssen. Trotz dieser Kritik und der Nichtbeachtung des biologischen Geschlechts in der sozialwissenschaftlichen Diskussion findet diese Herangehensweise in aktuellen Beiträgen weiterhin Beachtung (vgl. Brandes 2002: 20).

3. Der anthropologische, historische und soziologische Ansatz, der sich aufgrund der Männerbewegung und der Geschlechtsrollenpsychologie entwickelt hat und der die „[…] Vielfältigkeit und Veränderbarkeit von Männlichkeit" (Connell 1999: 47) einschließt, verdeutlicht, dass Männlichkeit „[…] allgegenwärtig und eingegossen in die sozialen

> Beziehungen" (ebd.: 48) ist, die untersucht werden müssen, wenn die geschichtliche Dimension von Männlichkeit erkannt werden soll. Die Anthropologie, die Informationen zum sozialen Geschlecht liefert, versucht im Rahmen von ethnographischen Studien zu einer positivistischen Sozialwissenschaft zu gelangen, welche kulturübergreifende Verallgemeinerungen und Gesetzesmäßigkeiten des menschlichen Zusammenlebens auszumachen sucht. Untersuchungen über männliche und weibliche Jugendgangs verdeutlichen vielfältige Männlichkeits- und Weiblichkeitsentwürfe, vor allen Dingen aber, dass bei Devianz und Kontrolle nicht von „[...] einer ‚selbstverständlichen' Kausalität zwischen einer (monolithisch verstandenen) ‚Männlichkeit' und Kriminalität [...]" (Kersten 1997: 5b) ausgegangen werden kann.

Seit einigen Jahren wird der konstruktivistische Denkansatz[6], der maßgeblich auf die Philosophin Judith Butler zurückgeht, als weitere theoretische Grundlage in der Männerforschung und in den Diskursen zum „neuen Mann" diskutiert. Butler sucht in ihren Untersuchungen über Geschlechtsidentität nach einer Reformulierung, in der Machtverhältnisse erfasst werden können, „[...] die den Effekt eines vordiskursiven Geschlechts *(sex)* hervorbringen [...]" und die „[...] als der Kultur vorgelagert oder als politisch neutrale Oberfläche, auf der sich die Kultur einschreibt, hergestellt und etabliert [...]" (Butler 1991: 24) sind. Demzufolge kritisiert sie vorherrschende Identitätskategorien *(gender categories)* und betrachtet die Unterscheidung *sex* und *gender* neu. Verbreitete Denkgewohnheiten untersucht und dekonstruiert Butler in einem auf Foucault'schen Grundsätzen beruhenden Diskurs im Rahmen sprachlicher Machtstrukturen, der Psychoanalyse, der

6 „Konstruktivismus" könnte mit „Wirklichkeitsforschung" übersetzt werden, womit sich die ewige Suche nach dem verbindet, was wirklich ist oder was Wirklichkeit ist. Die konstruktivistische Denkweise macht die Menschen allein für ihr Denken, Wissen und Tun verantwortlich. Der radikale Konstruktivismus vermittelt auf eindrucksvolle Art und Weise, dass sich Wissen und Erkenntnis, weil es auf der Grundlage eigener Erfahrungen konstruiert wird, nur im Bewusstsein der Menschen abspielen kann: Die Ergebnisse von Lernen und Verstehen sind Interpretationen, also „Konstrukte" in unserer erlebten Welt. Wenn wir das Begreifen und Verstehen der Welt, in der wir leben, uns selbst zu verdanken haben, kann demzufolge nur jeder Mensch die Verantwortung für „seine Welt" übernehmen (vgl. Glasersfeld 1996: 22–25, 49–51).

Produktion einer heterosexuellen Matrix und anhand festgeschriebener Körperkategorien der Gender-Akte (*gender acts*), die bei der Konstruktion von Geschlechtskategorien eine Rolle spielen (vgl. ebd.: 7–14).

Die Interpretationsmöglichkeiten des konstruktivistischen Ansatzes in Bezug auf Geschlechtsidentitäten sind unerschöpflich, und ein verlässlicher Bezug auf das biologische Geschlecht scheint kaum herstellbar. Eine mögliche Interpretationsvariante dieses Ansatzes könnte lauten: Der Mensch wird kulturell determinierbar geboren, kann aber aufgrund des freien Willens zwischen intelligiblen Geschlechtsidentitäten wählen und eine Multi-Gender-Akte[7] entwickeln, wobei die Sichtweise, „Ob Geschlechtsidentität oder das Geschlecht festgelegt oder frei verfügbar ist, von dem Diskurs abhängt [...], der versucht, der Analyse bestimmte Schranken zu setzen oder bestimmte Lehrsätze des Humanismus als Voraussetzung für jegliche Analyse der Geschlechtsidentitäten zu retten" (Butler 1991: 26).

Bezogen auf die Entstehungsbedingungen von Männlichkeit bedeutet dieser Ansatz, dass „[...] das ‚Geschlecht' eine soziale Konstruktion ist, die in *Diskursen*, d. h. im sprachlichen und schriftlichen Ausdruck hergestellt wird und dass diese Konstruktion so fundamental ist, dass sie auch unsere Wahrnehmung des Körpers und seines *Sexus* betrifft" (Brandes 2002: 20, s. o.). In letzter Konsequenz heißt das: Das empfundene Geschlecht ist ein Konstrukt, wodurch Butlers Ansatz mannigfaltige Erklärungen für soziokulturelle Konstruktionen jenseits der Polarität von männlich und weiblich eröffnet (ebd.: 21 f.). Böhnisch kritisiert die dieser Denkweise zugrundeliegende These, nämlich dass die Geschlechterdifferenz „[...] in der männlichen Dominanzkultur zum Zwecke der Abwertung von Frauen konstruiert wurde" (Böhnisch 2003: 9), weil sie für die historisch-theoretische Aufklärung der Entwicklung von Männlichkeit zu wenig hergibt: „[...] Das entscheidende Problem ist doch nicht, dass Männer und Frauen zu Ungleichen gemacht werden, sondern warum, aus welchem historisch-gesellschaftlichem Interesse heraus sie dazu gemacht werden?" (Böhnisch 2003: 9).

7 In einer Multi-Gender-Akte formieren sich „[...] Beziehungen der Kohärenz und Kontinuität zwischen dem anatomischen Geschlecht (sex), der Geschlechtsidentität (gender), der sexuellen Praxis und dem Begehren" (Butler 1991: 38).

1.2 Überblick

Impulsgebend für die deutsche Männerforschung ist eine „[...] eng am Feminismus orientierte und stark politisch motivierte theoretische Patriarchatskritik" (Brandes 2002: 16) in den 70er und 80er Jahren, wobei das Individuum in dieser Zeit insgesamt als geschlechtsneutral betrachtet wurde (vgl. ebd.: 13–124). Dagegen hat sich in der amerikanischen Männerforschung – in den *men's studies* – in bestimmten Kreisen der Mittelschicht eine „[...] verbreitete Verunsicherung in der männlichen Identität und ein Leiden an der herkömmlichen Männerrolle mit ihrer Ausrichtung auf Leistung und Erfolg" (ebd.: 16) ausgedrückt, wodurch renommierte Forscher – u. a. Josef Pleck und Herb Goldberg – sich veranlasst sahen, sich mit dieser Forschungsrichtung zu beschäftigen. Walter Holstein vermittelte als erster in seinem Buch „Nicht Herrscher, aber kräftig (1988)" den amerikanischen Forschungsstand einem deutschsprachigen Publikum, woraufhin von der Frauenbewegung initiierte Fragestellungen erstmalig in akademischen Kreisen aufgegriffen und diskutiert wurden.

Auf der Grundlage der *men's studies* aus den USA und aus Großbritannien[8] und als Folge der renommierten Frauenforschung[9] entstand darüber hinaus eine Forscher- und Forschungsszene, die sich kritisch mit Männlichkeit und Männlichkeiten auseinandergesetzt hat[10] und wodurch sich ein Paradigmenwechsel „[...] von einer struktur-funktionalistischen zu einer kulturkritischen Perspektive [...]" (Meuser 2010: 92) vollzog: „Die Kritik richtet sich nicht mehr nur auf die Deformation, die der Mann durch seine Geschlechterrolle erfährt, sie richtet sich auf die Machtposition des Mannes im Geschlechterverhältnis" (ebd.: 92), was zur Folge hat, dass an die Stelle der Einheitsmännlichkeit – entsprechend der rollentheoretischen Sichtweise (s. Kapitel 1.1) – multiple Männlichkeiten treten (vgl. ebd.: 92).

---

8 In diesen Ländern hat die Kriminologie, insbesondere auf dem Gebiet der Jugenddelinquenzforschung eine lange Tradition (vgl. Hearn/Morgan 1990: 4).

9 „Die Frauenforschung ermöglichte nicht nur die Integration des Gegenstandes ‚Geschlecht' in den einzelnen Wissenschaftsdisziplinen, sondern forderte zudem die differenzierte Betrachtung der als Mann und Frau bestimmten Geschlechter" (Pech 2002: 20), obwohl „Das Verhältnis von Männer- und Frauenforschung in den Anfängen der men's studies prekär [...]" (Meuser 2010: 93) war.

10 Seit Beginn der 80er Jahre erfährt das Geschlechtsrollenkonzept zum Thema Abweichung Kritik z. B. von Edwards (1983), Polk (1994) und Newburn/Stanko (1994) (vgl. Kersten 1997: 7b).

Soziologische Untersuchungen zu Männlichkeit und Männlichkeiten wurden maßgeblich von dem australischen Soziologen Robert W. Connell[11] zum Hauptanliegen neuerer Männerforschung vorangetrieben mit dem Ergebnis, dass „[...] das soziale Geschlecht nicht von vornherein festgelegt ist, sondern durch soziale Interaktion entsteht [...]" (Connell 1999: 54) und dass es um Männlichkeitskonventionen, ihre Entstehung und Tradierung in der sozialen Praxis geht, d. h. um die soziale Konstruktion von Männlichkeit und den dahinter steckenden Interessen (ebd.: 54). Connell weist darauf hin, „[...] dass nicht nur eine Männlichkeit existiert, sondern ein kulturelles System hegemonialer Männlichkeiten" (Pech 2002: 12), die von der patriarchalen Dividende profitieren, die Männer in einer Gesellschaft mit einer patriarchalen Struktur erhalten.

Seit 1998 werden in der bundesrepublikanischen Diskussion soziologische Entwürfe von Männlichkeiten entwickelt. Besonders hervorzuheben ist das Konzept von Meuser, der das Connell'sche Konzept der hegemonialen Männlichkeit, das der *gender*-Perspektive verpflichtet ist, mit dem Habituskonzept von Bourdieu verknüpft. Meuser arbeitet heraus, dass wenig Konsens darüber besteht, „[...] wie sich die Männerstudien zur Frauenforschung und zum Feminismus verhalten und welche Fragestellungen diesen zugrunde liegen sollen. Konkret: Ob die Unterdrückung der Frau durch den Mann der zentrale Gegenstand sein soll oder die männliche Binnenwelt" (Meuser 2010: 93), obwohl diese „[...] beiden Dimensionen der Macht im Geschlechterverhältnis [...] nicht gleichrangig" (ebd.: 95) sind, weil „Die partielle Ohnmachtserfahrung des Mannes [...] nicht mit der systematischen Unterdrückung der Frau durch den Mann gleich zu setzen" (ebd.: 95) ist.

Neben soziologischen Diskursen werden u. a. entwicklungstheoretische, neuropsychologische, historische, sozialpsychologische, sozialisations- und erkenntnistheoretische Diskurse über Männlichkeit, über die männliche Persönlichkeitsbildung und den männlichen Veränderungsprozess geführt, wodurch sich das anfängliche, „[...] recht spannungsreiche Verhältnis zwischen *women's* und *men's studies* [...] entspannt" (ebd.: 94) hat. Zwar finden Konzepte der Frauenforschung[12] ihre Entsprechung in der Männerforschung; kritische

11 Heute: Raewyn Connell, d. h. es wird in der Folge auf die Soziologin Raewyn Connell Bezug genommen.

12 U. a. die feministischen erkenntnistheoretischen Grundpositionen von Nissen in Bezug auf die Gleichheits-, Differenzposition und die dekonstruktivistische Position (vgl. Nissen: 68).

Auseinandersetzungen mit den jeweiligen Männlichkeits-Modellen sind jedoch nur selten zu finden. Hingegen lassen sich Korrelationen zwischen Männlichkeiten und Gewalt, vorzugsweise der physischen Gewalt, als immanenter Bestandteil männlicher Sozialisation konstatieren (vgl. Pech 2002: 12 f.). Hauptkritikpunkte an den Männerstudien der 80er und 90er Jahre sind[13]:

1. ein Mangel „[...] an theoretischer wie an empirischer Substanz" (ebd.: 95) und eine geringe Abhebung vom populärwissenschaftlichen Diskurs
2. sowie die Einseitigkeit in Bezug auf eine „[...] machttheoretische Analyse der Position des Mannes im Geschlechterverhältnis" (ebd.: 95).

Ein Zusammenhang von Männlichkeit, sozialer Lebenslage und Milieus kann heute zwar punktuell empirisch nachgewiesen werden; es existieren jedoch noch zahlreiche Spekulationen über veränderte Männlichkeiten, über die zugrundeliegenden Haltungen und Einstellungen sowie über die individuellen biografischen Erfahrungen im Hinblick auf soziales Milieu sowie Partner- und Berufserfahrungen. Abgesehen von der Meuser-Studie, die zwar mehrere Lebensmilieus abdeckt, jedoch mittelschichtslastig ist und Defizite in der Erforschung ethnischer und nationaler Unterschiede von Männlichkeit aufweist, ist die deutsche Männerforschung im internationalen Vergleich deutlich ethnozentristischer, und Migrationsprobleme werden kaum berücksichtigt. Auch die Rolle von Institutionen – wie z. B. Sportinstitutionen, politische Parteien, Kirchen, Gewerkschaften, Medien (vgl. Brandes 2002: 25) –, die für die Konstruktion von Männlichkeiten bedeutend sind, ist unzureichend untersucht (vgl. Brandes 2002: 23–26, vgl. Connell 1999: 54–58).

1.3 Repräsentative Studien in Deutschland

Dessen ungeachtet, dass die Herausbildung einer Männerforschung in Deutschland in den 90er Jahren durch die mythopoetische Bewegung[14] einen Rückschlag erlitt, entstanden im akademischen Umfeld

13 Hierüber herrscht in der kritischen Männerforschung Konsens (vgl. Meuser 2010: 95).

14 Mythopoetische Bewegung: eine Gegenbewegung, welche die Rückkehr zur archaischen Männlichkeit propagiert, initiiert durch Robert Bly (vgl.

fundierte theoretische und repräsentative Studien[15], die aufgrund der langen Tradition empirischer Sozialforschung in Deutschland im internationalen Vergleich auffallen, wodurch die Männerforschung differenzierter wurde (vgl. Brandes 2002: 16 f.).

Helge Pross legte die erste repräsentative bundesrepublikanische Studie auf der Basis von Gruppendiskussionen, Einzelinterviews und standardisierten schriftlichen Befragungen (vgl. Pross 1978: 183) über Selbstbilder von Männern in den alten Bundesländern vor, in welcher dem Aspekt der männlichen Gewalt nicht nachgegangen wird und drei Viertel von den befragten Männern Familienväter sind (ebd.: 57). „Die Untersuchung […] beschränkt sich auf die Erwartungen, die Männer zwischen 20 und 50 Jahren an Männer und Frauen richten" (ebd.: 31) und in der die Bereiche der männlichen und weiblichen Berufsrollen, der Ehe und Partnerschaft, Sexualität, Vater- und Mutterschaft im Mittelpunkt stehen. Fragen nach der Gleichberechtigung und den individuellen Entfaltungsmöglichkeiten wurde teilweise ebenfalls nachgegangen (vgl. ebd.: 31). Das Ergebnis in Kürze: Beruf, Familie und Partnerschaft sind für Männer existenzielle Lebenszentren. Zwar können sie sich Frauen in Führungspositionen vorstellen, fürchten jedoch eine etwaige berufliche Besserstellung der Frau, weil dies zu einer Verletzung des Selbstbewusstseins, zu Spannungen und Konflikten in Partnerschaften führen würde (vgl. ebd.: 71–85). Ambivalenzen wie diese zeigen sich auch an anderen Stellen der Untersuchung, so z. B. im Bereich der Sexualität, wo das, was man für sich selbst beansprucht – nämlich außerpartnerschaftliche sexuelle Kontakte – den Frauen eher vorenthalten wird, obwohl in diesem Bereich die Angleichung der Erwartungen und Zugeständnisse eher fortschreitet (ebd.: 107–118). Männer interessieren sich darüber hinaus für die biologische Fortpflanzung, wobei sie sich kaum Gedanken über ihre Vaterrolle und über Erziehungsfragen machen. Die väterliche Pflicht bezieht sich auf die Sicherung der wirtschaftlichen Situation und nicht auf erzieherische Fragen (vgl. ebd.: 119–136). Insgesamt orientieren sich die Denkschemata von Männern zwar noch an patriarchalischen Rollenmustern in Bezug auf sexuelle Ansprüche, Rechte und Pflichten

Bly 2010: 9, s. Impuls und Fußnote 18).

15 U. a. Pross, H., 1978: eine Studie über die Selbstbilder von Männern und ihre Bilder von der Frau in Zusammenarbeit mit der Frauenzeitschrift *Brigitte*. Metz-Göckel/Müller, 1986: eine Untersuchung über die Lebenssituation und das Frauenbild 20- bis 50-jähriger Männer im Auftrag der Frauenzeitschrift *Brigitte*. Zulehner/Volz, 1999: eine Untersuchung zur Lebenswirklichkeit und zum Selbst- und Fremdbild der Männer.

von Mann und Frau, „[...] doch halten nur noch sehr wenige Personen an den älteren Ideen von männlicher Herrschaft und vollständiger weiblicher Fügsamkeit fest" (Pech 2002: 23), obwohl dieser Wandel keine Auskunft darüber gibt, was „[...] an die Stelle des alten getreten ist" (ebd.: 24).

Die zweite repräsentative Männerstudie von Metz-Göckel/Müller lehnt sich an die quantitativen und qualitativen Untersuchungsmethoden der Pross-Studie an. Die Befragungen wurden von Frauen durchgeführt. Die Studie, die Gewalt gegen Frauen thematisiert, untersucht das Geschlechterverhältnis – auch deshalb, weil von Pross die „[...] aufgeklärte Konservativität der Männer festgestellt" (Metz-Göckel/Müller 1986: 8) wurde. Die Befragungen beziehen sich auf Vertreter aus hierarchischen und egalitären Geschlechterverhältnissen: Die Mehrheit der befragten Männer befürwortet das hierarchische Geschlechterverhältnis und 5 Prozent das egalitäre Geschlechterverhältnis (vgl. ebd.: 16) – trotz fließender Grenzen, die zwischen Liberalität und Egalität (vgl. ebd.: 18) bestehen, d. h. „[...] ein und derselbe Mann kann in einem Lebensbereich egalitär, im anderen liberal bis konservativ sein" (ebd.: 19).[16]

Gewalt führen Männer weniger auf das hierarchische Geschlechterverhältnis als auf Ausnahmezustände zurück wie Problemsituationen (z. B. Stress, Arbeitslosigkeit), persönliche Konfliktsituationen, bedingt durch Alkohol, Eifersucht, mangelnde Konfliktlösungskompetenzen oder durch eine kriminelle Veranlagung bzw. durch einen gewalttätigen Charakter. Eine biologische Ursachenzuschreibung wird abgelehnt. Männer bekennen sich zwar dazu, dass es ein Gewaltproblem mit Frauen gibt[17] und kritisieren ihre gewalttätigen Geschlechtsgenossen. Die Bündnistreue untereinander verhindert jedoch, dass sie sich diesem Problemkomplex öffnen (vgl. ebd.: 117–129): „Die Rollen

16 Folgende Männertypen wurden eingeteilt: 1. Egalitäre, der Gleichstellung von Mann und Frau wird uneingeschränkt zugestimmt. 2. Liberale, deren Zustimmung für die Gleichstellung von der Unantastbarkeit der eigenen Lebensrealität abhängt. 3. Schwankende, deren Zustimmung von der politischen und ökonomischen Allgemeinsituation abhängt. 4. Konservative, die ein hierarchisches Geschlechterverhältnis bevorzugen. 5. Chauvinisten, die erreichte Rechte für Frauen bezüglich Bildung, Beruf und Familie rückgängig machen würden (vgl. Metz-Göckel/Müller 1986: 17 f.).

17 Die Studie kommt zu folgendem Ergebnis: „Fast jeder Fünfte kennt einen Mann, der seine Frau schlägt (18 Prozent). Mehr als ein Drittel der Männer verneint die Frage (36 Prozent), und fast die Hälfte antwortet mit „Ich weiß nicht'" (Metz-Göckel/Müller 1986: 59). Die Dunkelziffer wird auf etwa 45 Prozent geschätzt (ebd.: 59).

werden vertauscht, indem der gewalttätige Mann zum Hilflosen gemacht und die geschlagene Frau um Verständnis angehalten wird" (ebd.: 32).

Im Unterschied zu Pross erkennen Metz-Göckel/Müller ein differenzierteres Vaterbild: „Väter mit einer berufstätigen Frau nehmen mehr vom Berufsleben und auch vom Familienleben wahr" (ebd.: 22) als Väter, die mit einer nicht-berufstätigen Partnerin zusammen sind. Die Forscherinnen ziehen ein positives Fazit in Bezug auf die Selbstständigkeit der Frau, der grundsätzlich ein hoher Stellenwert zugeordnet wird. „Probleme mit der Emanzipation haben die Männer dann, wenn die ‚Selbstständigkeit' der Frau sich [...] gegen sie zu wenden droht, Forderungen an sie gestellt und Interessen gegen sie durchgesetzt werden" (ebd.: 23). Eine Analogie der beiden Studien zeigt sich darin, dass in der Pross-Studie die Männer formulieren, dass sie zwar weibliche Führungskräfte akzeptieren, dass jedoch ein umgekehrtes Einkommensverhältnis in der eigenen Partnerschaft Probleme verursachen würde (s. Kapitel 1.3). Metz-Göckel/Müller erklären dies in ihrer Studie folgendermaßen: Die Sichtweise, Frauen seien wie Männer in gleicher Weise beruflich qualifiziert, bezieht sich auf junge, kinderlose Frauen. Die eigene Partnerin wird dabei ausgeklammert (vgl. ebd.: 27–30). Obwohl der männliche Leidensdruck der bloßen Berufsfixierung nicht zur Rollenreflexion führt, wird die Veränderung des Mannes in beiden Studien belegt. Pech weist in diesem Zusammenhang darauf hin, dass es „[...] ein Wandel der Einstellungen und eben kein Wandel im alltäglichen Handeln" (Pech 2002: 27) ist, wobei letzterer sich nachgewiesenermaßen erst durch den Wandel der Einstellungen initiieren lässt (s. Kapitel 6).

Die erste repräsentative Studie nach der Wende stammt von Zulehner/Volz aus dem Jahr 1998. Es handelt sich um eine quantitative Fragebogenerhebung zur Männerentwicklung bzw. -befreiung. Im Unterschied zu den vorherigen Studien bezieht diese Frauen als Vergleichs- und Kontrollgruppe ein und greift den Aspekt Männergewalt auf (vgl. Zulehner/Volz 1999: 199 f.). Der Fragebogen lehnt sich an einen bereits von Zulehner genutzten Fragebogen aus dem Jahr 1994 an. Die Auswertung des Datenmaterials wurde von Männern vorgenommen (vgl. ebd.: 31). Männerentwicklung, so belegt die Studie, wird einerseits von den Frauen eingefordert, auch weil sonst ihre eigene Weiterentwicklung beeinträchtigt ist. Andererseits beruht sie auf der historisch gewachsenen Einsicht, dass Männer in ihren Entfaltungs- und Lebensmöglichkeiten grundsätzlich eingeschränkt sind und sich Männerpotenziale von daher einseitig entfalten (vgl.

ebd.: 15). Neben den beiden Grundtypen des traditionellen, autoritären Berufsmannes und des neuen Mannes, der u. a. seine Vaterrolle stärker lebt, der sich durch Solidaritätsbereitschaft auszeichnet und insgesamt weniger zu Gewalt neigt, kristallisieren sich in dieser Studie zwei weitere dazwischenliegende Männertypen heraus: der pragmatische und der unsichere Mann (vgl. ebd.: 17–24). Im Unterschied zum pragmatischen Mann lehnt der unsichere Mann die Geschlechterhierarchie zwar ab, bezieht „[...] jedoch keine eindeutige Position im Sinn einer Geschlechterdemokratie [...]" (Pech 2002: 28). Zur Gewaltneigung der befragten Männer, die sich auf viele Facetten männlichen Gewalthandelns (z. B. gegen Frauen, Kinder, Fremde und Männer) bezieht und in enger Verbindung zu allgemeinen Einstellungen steht wie „außereheliche Beziehungen des Mannes wiegen weniger schwer als die einer Frau", zeigt die Studie: Zu starker Gewalt neigen 4 Prozent der befragten deutschen Männer. Bei 37 Prozent ist die Gewaltneigung mittelmäßig, bei 59 Prozent schwach ausgeprägt. Deutliche Unterschiede bestehen zu den vier Haupttypen: Von den traditionell typisierten Männern wird ein Drittel als gewaltarm bezeichnet, von den neuen Männern 91 Prozent (vgl. Zulehner/Volz 1999: 200). Insgesamt stellen Zulehner/Volz fest, dass es sich bei der Veränderung der Männer um eine rhetorische Angelegenheit handelt, auch weil es u. a. leichter ist, „[...] eine Einstellung zu verändern als das Handeln selbst" (ebd.: 27).

Zusammenfassend ist anzumerken, dass grundsätzlich an traditionellen geschlechtlichen Zuschreibungen festgehalten wird: Gefühle und Mitgefühl werden als eher weibliche Eigenschaften, Macht, Dominanz, Aktivität als eher männliche Eigenschaften angesehen. Auch lassen sich bei den neuen wie bei den traditionellen Männern geschlechtsstereotypische Tendenzen (z. B. „typisch" männliche und weibliche Berufstätigkeit und Karriereorientierungen) nachweisen. In Anlehnung an Zulehner/Volz wurden weitere Studien initiiert, in denen das Thema männliche Gewalt fokussiert wird.

2. Männlichkeit: Entstehung, Macht, Geschlecht

Merkmale, die Männlichkeit charakterisieren, fügen sich im 19. Jahrhundert an das bekannte „[…] Muster von Aktivität vs. Passivität, Rationalität vs. Emotionalität" (Meuser 2010: 19), das eine normative Kraft auch auf geschlechtsdifferenzierte Bildung ausübte und erst im 20. Jahrhundert langsam an Wirkung verlor (vgl. ebd.: 19 f.). Auf der Basis von physiologischen Geschlechterdifferenzen prägte sich eine Geschlechterordnung aus, die zu gesellschaftlichen Veränderungsprozessen führte: Indem sich die Frau auf das Heim und ihre Reproduktionsfähigkeit beschränkte, bot sie dem Mann das notwendige Fundament, sich in der äußeren Welt zu behaupten, womit sich gleichzeitig die Absicherung der patriarchalen Herrschaft vollzog. Die geschlechterbezogenen Handlungsmöglichkeiten definierten sich auf der Basis von Körperlichkeit: Im Gegensatz zum weiblichen Körper wurden dem männlichen Körper Merkmale wie Unabhängigkeit und Weltoffenheit zugeschrieben, wodurch sich eine qualitative Bemessung der Geschlechter und die gesellschaftliche Arbeitsteilung zwischen Mann und Frau ergab (vgl. Connell 1999: 88, vgl. Meuser 2010: 20–22).

2.1 Zum Männlichkeits-Konzept

Der Begriff „Männlichkeit" und das Konzept selbst wurden maßgeblich von der renommierten Männerforscherin Raewyn Connell geprägt. Sie formuliert, dass es einem Abstieg ins Absurde gleichkommt, „[…] über Männlichkeit als ein und dasselbe Wesen quer durch die Unterschiede von Ort und Zeit zu reden […]" (Connell 1999: 30). Bei dem Versuch, Männlichkeit zu definieren bzw. eine männliche Person zu charakterisieren, unterscheidet sie vier Hauptdefinitionen, die in der Praxis häufig ineinanderfließen (vgl. Connell 1999: 88–91):

1. Die essentialistische Definition, die sich zunächst mit Charakterzügen wie Aktivität, Rationalität befasst, später mit Risikofreudigkeit, die Verantwortlichkeit und Männlichkeit mit Männerbündnissen und kriegerischen Auseinanderset-

zungen verbindet[18], obwohl die „[...] Wahl des jeweiligen essentiellen Kriteriums [...] recht willkürlich" war (ebd.: 89).

2. Die positivistische, sozialwissenschaftliche Definition: „[...] männlich ist, wie Männer wirklich sind" (ebd.: 89), dem männliche vs. weibliche Interessen – sog. M/F-Skalen aus der klinischen Psychologie – zugrunde liegen „[...] und deren Items durch den Nachweis validiert werden, daß sie tatsächlich statistisch zwischen Gruppen von Männern und Frauen zu trennen vermögen" (ebd.: 89). Bei dieser Definition werden Geschlechtsunterschiede homogen und statisch wahrgenommen, wodurch das soziale Geschlecht negiert wird, also auch ein Wechselspiel von männlichen und weiblichen Verhaltensweisen und Einstellungen sowohl in Frauen als auch in Männern.
3. Normative Definitionen, die Geschlechtsrollentheorien (s. Kapitel 1.1) zugrunde liegen, erkennen diese Unterschiede: Sie behandeln Männlichkeit als eine soziale Norm für männliches Verhalten, wie also Männer sein sollten. Die Medien bedienen sich dieser Definition, kreieren Metaphern vom starken Mann, dem großen Macher, und greifen dafür auf bekannte Figuren aus der Medien- und Filmwelt zurück. Die Problematik dabei ist, dass nur wenige Männer diese geforderte Norm von Härte, Unabhängigkeit und Durchsetzungsvermögen erfüllen können. Normative Definitionen wirken sich insofern einschränkend auf die Persönlichkeitsentwicklung von Männlichkeit aus.
4. Semiotische Definitionen beschreiben Männlichkeit als „[...] ein System symbolischer Differenzen, in denen sich männliche und weibliche Positionen gegenüberstehen"

18 Bly's Männlichkeitsmythen basieren m. E. auf dieser Definition, woraus er das Bild des „wilden Mannes" konstruiert: einen entschlossenen und mutigen Mann, der zwar zum kraftvollen Handeln fähig ist, mit Brutalität jedoch nichts zu tun hat. Bly favorisiert den inneren Krieger, der Grenzen nicht aggressiv überschreitet, sondern diese verteidigt. In seinem Buch, in dem er das Grimmsche Märchen vom Eisenhans neu interpretiert, führt Bly aus, dass die wahren Männerkräfte in den dunklen Abgründen einer instinktiven Männlichkeit zu finden sind, mit denen der Mann im Prozess seiner Mannswerdung in Berührung kommen muss, was er allerdings nicht kann, wenn er in emotionaler Distanz zum Vater heranwächst (vgl. Bly 2010: 18–26, 195). Connell kritisiert diesen Standpunkt, weil er ausschließlich dem Erhalt des Patriarchats dient (vgl. Connell 1999: 230–232).

(ebd.: 90): „Der Phallus ist der maßgebliche Signifikant, Weiblichkeit hingegen wird symbolisch durch Mangel definiert" (ebd.: 91). Obwohl diese Definition die Problematiken der vorher beschriebenen Definitionen vermeidet, erfasst sie nicht die gesamte Bandbreite männlicher Erfahrungs- und Lebensfelder in Schulen, am Arbeitsplatz, in ehelichen Gemeinschaften, in Vereinen usw.

Zum Männlichkeits-Konzept gehört „[...] das Ehrgefühl [...], das unumstrittene Prinzip aller Pflichten gegen sich selbst, der Motor oder die treibende Kraft alldessen, was man *sich schuldet*, d. h. was zu tun man sich schuldig ist, um mit sich selbst im reinen zu sein, um, in den eigenen Augen, einer bestimmten Idee vom Mann würdig zu bleiben" (Bourdieu 2005: 88). Bourdieu verweist damit auf die Logik des *double standard*, welcher u. a. „[...] zu einer radikalen Asymmetrie in der Bewertung männlicher und weiblicher Tätigkeiten führt" (Bourdieu 2005: 106) und was dazu führt, dass Geschlechterhierarchien und -stereotypen – trotz der gesetzlichen Verankerung der Gleichberechtigung zwischen Mann und Frau – nach wie vor die Alltagsrealität beherrschen.[19]

„Die Begriffe ‚männlich' und ‚weiblich' gehören [...] ‚in der Wissenschaft zu den verworrensten' [...]" (Connell 1999: 21) und viele berufen sich „[...] auf die Biologie; auf Untersuchungen der körperlichen Geschlechtsunterschiede, Unterschiede bezüglich Verhalten, Gehirnstrukturen, Hormonen und genetischer Informationen" (ebd.: 22), was in den Human- und Sozialwissenschaften umstritten ist. Demzufolge halten viele Wissenschaftler „[...] Männlichkeit und Weiblichkeit für ‚sozial konstruiert' oder für ‚in Diskursen konstituiert'" (ebd.: 23): Aus der sozialwissenschaftlichen Perspektive handelt es sich bei dem Begriff „Männlichkeit" vorrangig um ein gesellschaftliches Konstrukt, in dem eigene und fremde Erfahrungen, aber auch positive und negative soziale Zuschreibungen bzw. Erwartungen ver-

19 „Geschlechterstereotypen sind allgemeine Annahmen über Eigenschaften von Männern und Frauen. Sie kennzeichnen das in einer Kultur und einer Region für typisch männlich und typisch weiblich gehaltene Verhalten. Geschlechterstereotype legen öffentliche Erwartungen fest, indem sie ‚richtige' Eigenschaften von Männern und Frauen durch Vereinheitlichung definieren, Werthaltungen und Rangpositionen rechtfertigen [...]. Stereotype über männliches Verhalten in unserem Kulturkreis sind: abenteuerlustig, aggressiv, kräftig, mutig, unabhängig, stark. Stereotype über weibliches Verhalten: liebevoll, einfühlsam, gefühlvoll, schwach" (Bründel/Hurrelmann 1999: 14).

schmelzen. Für den symbolischen Gehalt des Begriffs sind infolgedessen Assoziationen wichtig, die mit Männlichkeit verbunden werden wie Heldentum, Dominanz, Hegemonie und die Projektionen und Fantasien begünstigen (vgl. Behr 2008: 68). Connell empfiehlt eine geschlechtsrollenunabhängige Definition des Männlichkeits-Konzepts, die das vergeschlechtlichte Leben von Männern und Frauen, d. h. das Leben im Geflecht von sozialen Interaktionen, Zuschreibungen und Erwartungen berücksichtigt. In diesem Kontext ist Männlichkeit eine Position im Geschlechterverhältnis: Damit sind Praktiken gemeint, „[...] durch die Männer und Frauen diese Position einnehmen, und die Auswirkungen dieser Praktiken auf die körperliche Erfahrung, auf Persönlichkeit und Kultur" (Connell 1999: 91) beachten.

Unter „Männlichkeit" kann zusammenfassend eine kulturelle Determination, eine „[...] verbindliche Anweisung, wie *Mann zu sein* hat" (Behr 2008: 68) verstanden werden, aufgrund dessen Etikettierungen, also stereotype Wesenszuweisungen und Zuschreibungen von Eigenschaften i. S. v. *Männer sind* vonstatten gehen, wobei diese aber den wirklichen Kern von Männlichkeit und Männlichem nicht erfassen, weil sie „[...] in den Bereich der reinen Spekulation und der unzulässigen Verallgemeinerung" (Brandes 2002: 19) gehören. Einigkeit besteht darin, dass Männlichkeit

1. in einem sozialen Prozess von *doing gender / doing masculinity* hergestellt wird, der verschiedene Formen von Männlichkeiten hervorbringt und dass sie
2. in Relation zu und in Abgrenzung von Weiblichkeit existiert (vgl. ebd.: 18 f.).

Über die Relativität und Ambiguität des Männlichkeitsbegriffes herrscht in Deutschland allgemeiner Konsens. Mit Blick auf die Komplexität des Begriffes ist es also treffender, von „Männlichkeiten" zu sprechen (vgl. Kersten 1997b: 7), die „[...] nicht einfach sozial reproduziert [...]" (Böhnisch 2003: 21) werden, sondern sich fortwährend in einem dynamischen Prozess psychosozial und gesellschaftsstrukturell neu formen (vgl. ebd.: 21): Männlichkeit, männliche Entwicklung und männliche Verhaltensweisen interagieren im Kontext von internen Anlagen und Fähigkeiten sowie im Kontext von externen Zuschreibungen und Erwartungen im Wechselspiel mit Weiblichkeit und mit Männlichkeit. Dieser Begriff von „Männlichkeit", der im Unterschied zur „Einheitsmännlichkeit" den Blick auch auf situative und kontextbezogen variierende Aspekte richtet, wird hier zugrundegelegt.

2.2 Männlichkeits-Modelle

Durch die Modelle von Connell und Bourdieu, die Körperlichkeit in einem Wechselspiel mit dem Sozialen betrachten, eröffnen sich neue dynamische Forschungsperspektiven für die Männerforschung im 21. Jahrhundert, „[...] in denen die Einflüsse sozialer Strukturveränderungen auf den Umgang mit dem geschlechtlichen und vergeschlechtlichten Körper konkreter untersucht werden können" (Brandes 2002: 22). Der kultursoziologische Ansatz – mit dem zentralen Begriff des sozialen Habitus, der von Bourdieu (s. Kapitel 2.2.2) auf der Ebene des bewussten wie unbewussten Handelns verortet wird - basiert auf einer Festlegung der Körperwahrnehmung und des Körperausdrucks als Folge eines Hineinwachsens „[...] in eine geschlechtlich, sozial, ethnisch und kulturell strukturierte Praxis" (ebd.: 21). Anlehnend an Bourdieus Ansatz, versteht Connell „[...] Männlichkeit als *Produkt sozialer Praxis*" (ebd.: 21, s. o.). Sie arbeitet jedoch im Gegensatz zu Bourdieu den Machtaspekt sozialer Praxis differenzierter aus und unterscheidet hegemoniale, komplizenhafte, marginalisierte und unterdrückte Formen von Männlichkeit.

2.2.1 Das Patriarchats-Konzept

Das der feministischen Theorie entnommene Konzept des Patriarchats wird im Rahmen der *men's studies* am stärksten von den britischen Soziologen Jeff Hearn und David Morgan vertreten und um den Binnenaspekt der männlichen Macht erweitert. Das Konzept basiert darauf, dass

> „[...] from a gender-political point of view, the current social order may be characterized as *androcracy* [...] and that this system takes two forms: *patriarchy* (‚rule of the fathers') and *fratriarchy* (‚rule of the brother-(hood)'s), both of which are predicated on the institution known as the *men's hut*" (Hearn/Morgan 1990: 43).

Die ultimative Macht des Mannes äußert sich in der Außenwelt in Form von Männerbündnissen (*men's hut, brotherhood, fraternity*), die in der Gesellschaft tiefer verankert sind als Frauenbündnisse und traditionell Frauen exkludieren. Das Bündnis der Blutsbrüderschaft zeichnet sich durch eine besonders starke Kohärenz aus. Männerbündnisse unterliegen häufig einem Geheimcode und sind durch die Wahrnehmung eigener Interessen charakterisiert. Sie dienen z. B. der Sicherung und Ausweitung von Macht und Einfluss in der beruflichen und gesellschaftlichen Welt, dem Spaß, der Geselligkeit, der Grenzüberschreitung in Spiel- und Freizeitgruppen und Cliquen. Heirat kann Männer in innere Konflikte bringen, weil sie ihre *buddies* zu vernachlässigen beginnen und überdies nicht imstande sind, sich von ihnen zu lösen. Hearn spricht von der Brüderschaftsfalle, in der Männer - vor allem unreife Männer - ihr gesamtes Leben hindurch gefangen sein können. Im Versuch, gegen Frauen zu opponieren, nehmen Mann-Frau-Beziehungen zuweilen deviante und delinquente Züge an, besonders dann, wenn eine Mutterproblematik besteht (s. Kapitel 3.1). Diese Form der männlichen Dominanz kann sich bis zur extremen Gewalt steigern. Konflikte, die in patriarchalen Herrschaftssystemen stattfinden, sind genauso bitter und ernst wie jene zwischen Familien- und Bündnispartnern. Hearn und Morgan verweisen auf historische Gewaltereignisse, die durch *brotherhoods of terror* verübt worden sind, z. B. in Westafrika und im Deutschland des Nationalsozialismus (vgl. ebd.: 44–53).

Die verbreitete soziologische Haltung, die Männlichkeit in *sex* und *gender* unterteilt, fordert die britischen Soziologen zur Frage heraus: Was bedingt Männlichkeit und männliches Verhalten bzw. *doing masculinity*?[20] Sie differenzieren zwei Modelle:

1. Das Strukturmodell als Ergebnis eines individuellen, kulturellen und historischen Entwicklungsprozesses, das Männlichkeit determiniert:

   „What ist true for fatherhood is also true for concepts like masculinity: As men we have biographies. We have grown up in contexts which take masculinity and competitiveness for granted. [...] Some of us will be successful, others will be failures. We are taught that competition is a moral ‚good' [...] which men (you and me) supposedly have internalized" (Morgan 1989: 98).

20 Den Pluralbegriff Männlichkeiten bezeichnen Hearn und Morgan als „[...] relatively straightforward and unproblematic" (Hearn/Morgan 1990: 187).

2. Das dramaturgische Modell, in welchem Männlichkeit durch einen kontinuierlichen Darstellungsprozess für andere sichtbar wird – mit dem großen Vorteil, dass bei diesem Modell Beschreibungen von männlichen Verhaltensweisen den Theorien und theoretischen Analysen vorgezogen werden.[21]

Hearn und Morgan bezeichnen das Patriarchat als eine historisch gewachsene und determinierte gesellschaftliche Macht, dessen oppressive Kraft sich gegen Frauen, aber „[...] auch gegen Männer richtet, also gegen jene, welche Akteure und Agenten der Unterdrückung sind" (Meuser 2010: 96). Formen der Unterdrückung sind Praktiken der Diskriminierung, Ignorierung, Vernachlässigung und Verletzung (vgl. ebd.: 96). Ausschlaggebende Zuschreibungen für die Legitimation des Patriarchats sind Autorität und Rationalität (vgl. Connell 1999: 113).

2.2.2 Das Habitus-Konzept

Nach Bourdieu ist der Habitus eine zentrale Kategorie, die ein ganzes System elementarer Klassifikationen umfasst, „[...] die nicht weniger begründen als eine komplette Weltsicht" (Brandes 2001: 44). Bourdieu bezieht sich dabei u. a. auf eine „[...] zirkelhafte Kausalbeziehung [...]" (Bourdieu 2005: 23), nämlich, dass wir durch die Verinnerlichung historisch gewachsener Strukturen und „[...] zur Erklärung der männlichen Herrschaft auf Denkweisen zurückgreifen, die selbst das Produkt dieser Herrschaft sind" (ebd.: 14).

Bourdieu untersuchte Verstandeskategorien, „[...] mit denen wir die Welt konstruieren" (ebd.: 14).[22] Eine wichtige Verstandeskategorie ist die Einteilung in Geschlechter, die in der „Natur der Dinge" zu liegen scheint und unvermeidlich ist: „[...] Sie ist gleichermaßen – in objektiviertem Zustand – in den Dingen (z. B. im Haus, dessen Teile allesamt «geschlechtlich bestimmt« sind), in der ganzen sozialen Welt und [...] in den Körpern, im Habitus der Akteure präsent, die als systematische Schemata der Wahrnehmung, des Denkens und des

21 Brandes liefert zu diesem Modell Erkenntnisse aus der psychoanalytischen Praxis seiner Männergruppen (vgl. Brandes 2001).

22 Bourdieu wählte die Kabylei als historische Gesellschaft für seine sozioanalytische Untersuchung, weil sich für ihn dort mediterrane Traditionen mit der gesamten europäischen Kultur behaupteten vermischten (vgl. Bourdieu 2005: 14 f.).

Handelns fungieren" (ebd.: 19 f.). Geschlechtliche Zuschreibungen i. S. v. „[…] that ‚on average' men behave more aggressively than women and their ‚sex drive' is far more demanding" (Morgan 1989: 12) und gesellschaftliche Konstruktionen [23] erscheinen uns deshalb als naturgegeben, weil wir „[…] ihnen auf Schritt und Tritt begegnen und wir gewohnt sind, in allen Bereichen des täglichen Lebens die gleichen Zuschreibungen zu machen und weil sie uns helfen, unser Leben nach einem einfachen Schema zu ordnen" (Brandes 2001: 14): Mit anderen Worten: „Der Habitus – das sind die einverleibten Werte, die durch körpernahe Interaktion in einer bestimmten Umgebung unvermeidbar angeeignet […]" (ebd.: 40) werden, wodurch sich willkürliche Einteilungen in der sozialen Welt verankern und legitimieren, in der die männliche Ordnung keiner Rechtfertigung bedarf, weil sie sich auf dieser begründet.[24]

Bourdieus geschlechtsspezifischer Habitus, der sich in den unterschiedlichen sozialen Gruppen individuell ausformt, ist fundamental, weil „[…] er sich aufgrund der Anbindung an den anatomischen Unterschied […] dafür anbietet, Relationen der Macht und Herrschaft, der Über- und Unterordnung zum Ausdruck zu bringen und als ‚natürliche' erscheinen zu lassen" (ebd.: 43). Dabei geht es nicht um „[…] Körperbilder, die von anderen zurückgespiegelt werden, sondern buchstäblich *um den Körper selbst,* wobei nicht ‚Vorbilder' nachgeahmt werden, sondern strenggenommen *Handlungen nachvollzogen* werden" (ebd.: 43) auf der Basis von Bildern, Vorbildern und Ideologien, die sich eine Gesellschaft vom „Mann" macht, obgleich diese nach sozialer Schicht und Kultur variieren und sich in den Grenzen bewegen, die der männliche Habitus vorgibt.

Die Einordnung der Sexualbeziehung in ein Herrschaftsverhältnis[25] führt naturgemäß zu Ansprüchen, Erwartungen und Missverständnissen und zur Bekräftigung der „[…] *libido dominandi,* von der

23 Macht, Sexualkraft, Ehre und Herrschaft sind männlich; Hingabe und Unterordnung sind weiblich (vgl. Bourdieu 2005: 23–37, vgl. Morgan 1989: 6–14, s. Fußnote 19).

24 Norbert Elias verwendet den Habitusbegriff ähnlich und unterstreicht Bourdieus Sichtweise, dass „[…] der menschliche Körper selbst schon eine Einheit von Biologischem und Sozialem" (Brandes 2001: 39) bildet.

25 So gilt der Geschlechtsakt bei Männern als einen auf den Orgasmus ausgerichteten Eroberungsakt und ist eine „[…] Form von Herrschaft, von Aneignung, von «Besitz«" (Bourdieu 2005: 39). Frauen hingegen sind darauf vorbereitet, „[…] die Sexualität als eine intime und stark von Gefühlen durchdrungene Erfahrung zu erleben" (Bourdieu 2005: 39).

die männliche Libido nie ganz frei ist" (Bourdieu 2005: 42). Die Identifikation für den Habitus im Allgemeinen erbringt in der heutigen Gesellschaft die (Klein-)Familie – im Unterschied zu Stammesgesellschaften –, wobei der individuelle geschlechtsspezifische Habitus und die Geschlechtsidentität des Subjekts von der vorherrschenden Machtbalance zwischen den Geschlechtern abhängt (vgl. Brandes 2001: 45). Die zentrale Institution des Vaters, „[...] in der die habituelle Seite der Geschlechtsidentität ausgebildet wird" (ebd.: 15), kann zur Vergrößerung der Spielräume und der individuellen Ausgestaltung des männlichen Habitus, aber auch in die Abhängigkeit führen sowie zu einer „[...] Quelle von psychischen Störungen werden" (ebd.: 15, s. Kapitel 3).

Der männliche Habitus, so kann zusammengefasst werden, „[...] bildet die Grundlage dessen, was wir gemeinhin als Männlichkeit und männliche Identität diskutieren" (ebd.: 7). Er unterscheidet sich in der Körperhaltung und -wahrnehmung vom Weiblichen und „[...] zielt auf [...] den Körper als Produkt sozialer Praxis" (ebd.: 7). Der Habitus ist stets dem sozialen Habitus zugeordnet, gleichwohl Spielräume für individuelle Auslegungen vorhanden sind: Es gibt keine absoluten Festlegungen für Denk- und Handlungsweisen, „[...] wohl aber Grenzen, in denen [...] bestimmte Empfindungen oder Gedanken möglich sind" (ebd.: 40). „Insofern es geschlechtsspezifisch differenzierte soziale Räume und Tätigkeiten (also unterschiedliche Praxisformen) gibt, drückt sich im Habitus auch die soziale Bedeutung dessen aus, was in der jeweiligen Gesellschaft unter männlich bzw. weiblich verstanden wird" (ebd.: 13): Diese theoretische Sicht hat sich in der Geschlechterforschung durchgesetzt.

2.2.3 Das Konzept der hegemonialen Männlichkeit

Die australische Soziologin Raewyn Connell[26] leistet mit ihrem Konzept der „hegemonialen Männlichkeit" einen eigenen Beitrag zu einer Soziologie der Geschlechterverhältnisse.[27] Sozial- und geistes-

26 Connell veröffentlichte ihr Konzept der hegemonialen Männlichkeit 1987 mit *Gender and Power*. In dem 1985 erschienenen Werk *Masculinities* vertiefte sie wichtige Grundzüge. Im deutschen Sprachraum wurde ihr Konzept 1999 unter dem Titel *Der gemachte Mann. Konstruktion und Krise von Männlichkeiten* publiziert. Das Konzept ist ein Ansatz zu einer soziologischen Theorie der Männlichkeit.

27 Connells Analysen beziehen sich auf jahrzehntelange Biografieforschungen. Nach Connell ist dieses Konzept geeignet, soziale Veränderungen zu be-

wissenschaftliche Männerdiskurse greifen auf das Modell von Connell zurück, insbesondere auf den Begriff „hegemoniale Männlichkeiten". Das Konzept avanvierte „[…] trotz seiner begrifflichen Unschärfe […] zur Leitkategorie der *men's studies*" (Meuser 2010: 107, vgl. Dinges 2005: 211).[28]

Connells Überlegungen sind geprägt von der feministischen Kritik der 70er und 80er Jahre am Patriarchat, von der Habermas'schen Kritik am Kapitalismus, vom marxistischen Philosophen Antonio Gramsci und von der Psychoanalyse. Sie bezeichnet ihr Modell als „[…] einen begrifflichen Rahmen" (Connell 1999: 111) – eine heuristische Folie –, aufgrunddessen sich das Konzept als Paradigma in der neueren Männerforschung durchsetzen konnte (vgl. Dinges 2005: 12, 169). Das System „hegemoniale Männlichkeiten" ist somit eine Basis, über Männlichkeiten nachzudenken.

Den Kern hierfür bildet das Hegemoniekonzept, d. h. Gramscis Analyse der Klassenbeziehungen[29] Es „[…] bezieht sich auf die gesellschaftliche Dynamik, mit welcher eine Gruppe eine Führungsposition im gesellschaftlichen Leben einnimmt und aufrechterhält" (Connell 1999: 98). Das Konzept verdeutlicht, dass sich innerhalb dieses Rahmens „[…] spezifische Geschlechterbeziehungen von Dominanz und Unterordnung zwischen Gruppen von Männern" (ebd.: 99) bilden. Der Hegemoniebegriff charakterisiert nicht nur den Standpunkt der Macht, sondern er weist im Sinne eines Machtverständnisses auf die

trachten und ein tieferes Verständnis für individuelle Situationen und Erfahrungen zu entwickeln. Sie konzentriert sich auf Männergruppen und Männlichkeitsdarstellungen, die durch den technologischen Wandel und die Errungenschaften des Feminismus unter Druck geraten sind, wodurch hegemoniale Männlichkeit an Autorität verloren hat und die Geschlechterordnung krisenanfällig geworden ist. Aufgrund eines speziellen Analyserasters fertigte Connell sowohl ein kollektives als auch ein individuelles Porträt der interviewten Männern an (vgl. Connell 1999: 111–115).

28 Unklarheit herrscht in Bezug auf die Verortung hegemonialer Männlichkeit in der sozialen Wirklichkeit: Geht es hierbei um die kulturelle Repräsentation, um Alltagspraktiken oder um institutionelle Praktiken (vgl. Meuser 2010: 108, Dinges 2005: 13)? Dinges präzisiert die historische Entstehung hegemonialer Männlichkeiten. Er entwirft ein dreistufiges Modell und unterscheidet dominante, frühmoderne, hegemoniale und moderne hegemoniale Männlichkeit. Diese Unterscheidung empfiehlt er in historischen Diskussionen (vgl. Dinges 2005: 69–122).

29 Gramsci erweiterte den Machtbegriff um den Hegemoniebegriff, bei dem den Beherrschten der Eindruck von Partizipation vermittelt wird, indem die Machthabenden ihre Interessen als Allgemeininteressen zum Ausdruck bringen.

gesellschaftliche Akzeptanz sowie auf das Einverständnis mit hegemonialen Strukturen hin (vgl. Pech 2002: 12), „[...] die über patriarchale Verhältnisse hinausgehen" (ebd.: 33). Hegemonie ist demnach nicht auf Dauer gesichert und „[...] bedeutet deshalb nicht vollständige Kontrolle" (Connell 1999: 56), sondern muss immer wieder neu errungen werden (vgl. Dinges 2005: 11). Auch ist nicht gewährleistet, dass die „[...] jeweiligen Vertreter einer hegemonialen Männlichkeit auch die mächtigsten Männer in einem hegemonialen System sind: „Sehr mächtige oder sehr reiche Männer können [...] in ihrem individuellen Lebensstil weit von hegemonialen Männlichkeiten entfernt sein" (Connell 1999: 98). Hegemonie zeichnet sich nach Connell weniger „[...] durch direkte Gewalt aus, sondern durch ihren erfolgreich erhobenen Anspruch auf Autorität (obwohl Autorität oft durch Gewalt gestützt und aufrechterhalten wird)" (ebd.: 98). Für Connell ist die Differenzierung von Macht und Gewalt sowie die Unterscheidung zwischen *männlicher Hegemonie* und *hegemonialer Männlichkeit* entscheidend.

Connells (vorläufiges) dreistufiges Modell zur Darstellung des sozialen Geschlechts, in dem sich hegemoniale männliche Praktiken herausbilden, bezieht sich auf Macht- und Produktionsbeziehungen sowie auf emotionale Bindungsstrukturen[30] (vgl. Connell 1999: 94, vgl. Dinges 2005: 11, vgl. Meuser 2010: 100, vgl. Pech 2002: 34): Machtbeziehungen haben die von Connell interviewten Männer in Form von Gewalt erlebt, und zwar durch Schikanen, Strafen und Schlägereien im Familien-, Schul- und Freizeitumfeld (vgl. Connell 1999: 122). Connell verdeutlicht so das soziale Geschlecht und wie es sich innerhalb von Strukturen konstituiert, „[...] in denen sich das ungleiche Geschlechterverhältnis reproduziert[31] und manifestiert" (Meuser 2010: 100). Für Connell sind „Die Beziehungen zwischen den Geschlechtern [...] ein wesentlicher Bestandteil der sozialen Strukturen, und Geschlechterpolitik ist einer der Hauptfaktoren unseres

30 Macht- und Produktionsbeziehungen stehen für die geschlechtliche Trennung und für die Über- und Unterordnung in einem kapitalistischen Wirtschaftssystem, emotionale Bindungsstrukturen für Sexualität und Gefühl. Da Connells Modell herrschaftstheoretisch konstruiert ist, spielen Machtverhältnisse eine vorrangige Rolle (vgl. Connell 1999: 94–97, Dinges 2005: 12, Meuser 2010: 100).

31 Reproduktionsbereiche sind Geschlechtsmerkmale, Sexualität, Fortpflanzung und Erziehung. Connell verwendet diesen Begriff, um von dem starren Gefüge der biologischen Determination abzurücken (vgl. Connell 1999: 92).

kollektiven Schicksals" (Connell 1999: 97). Infolgedessen ist die Analyse der Beziehungsdynamik, in der das soziale Geschlecht entsteht, von großer Bedeutung (vgl. ebd.: 57). Mit der sozialen Praxis, in der Connell forscht, wird das Handeln in den Mittelpunkt des Konzepts gestellt, wodurch Interaktionen in einer kulturell gerahmten sozialen Praxis in den Vordergrund rücken (vgl. Dinges 2005: 8)[32], d. h. das soziale Geschlecht ist noch nicht von vornherein festgelegt, sondern es entsteht durch soziale Interaktion. Connell verweist einerseits auf klassen- und rassenbedingte Unterschiede, andererseits wird in ihren Analysen (vgl. Connell 1999: 117–221) deutlich, dass „[...] in ein und derselben kulturellen oder institutionellen Situation verschiedene Männlichkeiten entstehen können" (ebd.: 56) und es demzufolge unterschiedliche Männlichkeitsmuster bzw. *hegemonic pattern of masculinity* gibt.

In diesem Prozess bildet sich eine Hierarchie innerhalb der Geschlechterkategorie (vgl. Connell 1987: 92, 109) heraus, die sich in Ausgrenzungen oder in „[...] Subordinationsverhältnissen manifestiert, wie sie für bestimmte Männerbünde charakteristisch sind [... I" (Meuser 2010: 101, s. s. 59 ff.). „Die doppelte Relation, in der die Männlichkeit ihre Kontur gewinnt – zum anderen und zum eigenen Geschlecht – fasst Connell mit dem Begriff der hegemonialen Männlichkeit" (ebd.: 101): Es ist „[...] jene Konfiguration geschlechtsbezogener Praxis [...], welche die momentan akzeptierte Antwort auf das Legitimationsproblem des Patriarchats verkörpert und die Dominanz der Männer sowie die Unterordnung der Frauen gewährleistet (oder gewährleisten soll)" (Connell 1999: 98).

Hegemoniale Männlichkeit ist ein kulturelles Ideal, ein Orientierungsmuster, „[...] das dem *doing gender* der meisten Männer zugrunde liegt" (Meuser 2010: 101) und das „[...] jederzeit in Frage gestellt werden [...]" (Connell 1999: 97) kann.[33] Der in diesem Kontext stehende Begriff des Patriarchats (s. Kapitel 2.2.1) als Synonym von

32 Connell grenzt sich von klassischen Geschlechtsrollenforschungen ab. Für die Entstehung und Tradierung von Männlichkeitskonventionen werden keine existierenden Normen vorausgesetzt, und Männlichkeit ist bei ihr keine individuelle Charaktereigenschaft (vgl. Connell 1999: 54, Meuser 2010: 105 f.).

33 Die Abwesenheit einer „hegemonic femininity in patriarchal society" (vgl. Connell 1987: 206) in Connells Konzept heißt nicht, dass es keine Macht- und Dominanzbeziehungen unter Frauen geben kann, wenngleich sie mit der männlichen Hegemonie nicht vergleichbar sind. Frauen können die Vorherrschaft von Männern herausfordern, sobald sich die Bedingungen einer patriarchalen Gesellschaft ändern (vgl. Connell 1999: 98).

Herrschafts- und Unterdrückungsstrukturen und der männlichen Hegemonie greift für Connell zu kurz, weil es in dem System hegemonialer Männlichkeit auch spezifische Geschlechterordnungen von Dominanz und Unterordnung zwischen Männergruppen gibt. Hegemonialen Männlichkeiten gemeinsam ist die patriarchale Dividende, d. h. der Profit, den Männer in einer patriarchalen Gesellschaftsstruktur erhalten in Form eines materiellen und immateriellen Zugewinns wie Achtung, Prestige, Befehlsgewalt oder Geld (vgl. ebd.: 103).

Die heterosexuelle (Zwangs-)Orientierung[34], die in der Institution Ehe zum Ausdruck gebracht wird (vgl. ebd.: 195–198), ist ein wesentliches Merkmal der hegemonialen Männlichkeit. Sie strukturiert die Verhältnisse zwischen den Geschlechtern und „[...] von Männern untereinander: als Abwertung und Ausgrenzung anderer Formen von Männlichkeit sowie in Abhängigkeits- und Unterordnungsrelationen in männlichen Subkulturen" (Meuser 2010: 103). Die Unterdrückung bezieht sich sowohl auf Frauen als auch auf abgewertete Männer, die Connell als untergeordnete bzw. marginalisierte Männlichkeiten bezeichnet.[35] Das Pendant zur hegemonialen Männlichkeit ist die betonte Weiblichkeit, die über die Abhängigkeit vom Mann und die (sexuelle) Verfügbarkeit für den Mann definiert ist und in der Antithese Assoziationen wie „Schlampe" oder „Flittchen" konstruiert. Es ist ein Arrangement von einer „guten" und „schlechten" Weiblichkeit, in das selbst gesellschaftlich etablierte Frauen investieren und infolgedessen für die Aufrechterhaltung bestehender Formen hegemonialer Männlichkeit sorgen.

Dinges unterstreicht die Bedeutung des Connell'schen Konzepts für den Aspekt der Marginalisierung, den er u. a. in jüdischen Studentenverbindungen sowie im „Männerbund Fußball" untersucht (vgl. Dinges 2005: 141–192). Obwohl es den wenigsten Männern gelingt, das Leitbild der hegemonialen Männlichkeit in Gänze zu

34 Hegemoniale Männlichkeit ist nach Connell seit dem späten 18. Jahrhundert mit Homophobie verbunden und der von der modernen hegemonialen Männlichkeit geforderte Standard zur Heterosexualität ist eine „Zwangsheterosexualität" (vgl. Dinges 2005: 10).

35 Zu diesen Männlichkeiten zählen männliche Lebensweisen, die sich dem hegemonialen Muster entziehen oder dagegen opponieren. Dies sind z. B. homosexuelle Männer, die sich am untersten Ende der männlichen Geschlechterhierarchie befinden, aber auch heterosexuelle Jungen und Männer, die als Feiglinge, als schwach bezeichnet werden, oder solche, die unter Rassen- und Klassengesichtspunkten und je nach Erfolgs- und Leistungsgrad eine Ermächtigung oder Marginalisierung erfahren (vgl. Connell 1999: 99, 101, Connell 1987: 186, Connell 2005: 78–81).

verwirklichen, streben die meisten diesem Männlichkeitsideal hinterher. Connell spricht hier von den komplizenhaften Männlichkeiten: Sie erhalten zwar die patriarchale Dividende, setzen „[...] sich aber nicht den Spannungen und Risiken an der vordersten Frontlinie des Patriarchats [...]" (vgl. Connell 1999: 100) aus.

Die nach wie vor wichtige institutionelle Stütze derartiger „[...] Wirklichkeitskonstruktionen sind homosoziale, männerbündische Zusammenschlüsse, wie sie in Gestalt von Burschenschaften, Herrenclubs, Stammtischen, Vereinen u. v. m. existieren" (Meuser 2010: 105, vgl. Dinges 2005: 141–155). Da das Duell, aber auch das Militär – bezogen auf das Deutschland nach 1945 – seine Bedeutung in der Darstellung hegemonialer Männlichkeit verloren haben, nimmt Meuser an, dass heutzutage zahlreiche Darstellungsformen interpersoneller und intellektueller Dominanzen z. B. in gehobenen Management- und Führungspositionen von Wirtschaft, Politik, Wissenschaft und Kirche in den Vordergrund rücken (vgl. Meuser 2010: 106, Dinges 2005: 141–192). In diesem Zusammenhang erscheint mir erwähnenswert, „[...] daß ab den 90er Jahren auch der militärische Bereich im Zuge der ‚neuen Kriege' erneut an Dominanz gewinnt und damit militärische Männlichkeitskonzepte im globalen Kontext wieder bedeutsamer werden" (Dinges 2005: 213, s. Kapitel 5.2.4).

Zusammengefasst: Den Rahmen des Konzepts der hegemonialen Männlichkeit bilden die Begriffe „Hegemonie", „Dominanz", „Unterordnung", „Komplizenschaft", „Marginalisierung" und „Ermächtigung", mit deren „[...] Hilfe wir spezifische Formen von Männlichkeit analysieren können" (Connell 1999: 102). Connells machttheoretischer Ansatz verweist auf die Ungleichheit der Geschlechter. Macht konstituiert sich bei Connell in einem *top-down-bottom-up*-Wechselprozess, in dem *gender relations* – die sozialen Interaktionen zwischen Männern und Frauen und zwischen Männern – ihre Wirkung entfalten (vgl. Meuser 2010: 105–107). Hierbei gilt es zu beachten, dass „Such evidence does not imply that ideology can be reduced to economics or institutional arrangements, nor that ideology is to be contrasted with a ‚material' world. It does simply that ideology has to be seen as things people do, and that ideological practice has to be seen as things people do, and that ideological practice has to be seen as occuring in, and responding to, definite contexts" (Connell 1987: 244).

Abgesehen von historischen und sozio-ökonomischen Bedingungen ist es für Connell entscheidend, dass es „[...] immer eine Form *hegemonialer Männlichkeit* gibt, die alle Männer der jeweiligen Gesellschaft beeinflusst, auch wenn sie aufgrund der Machtferne ihrer Lebenslage, ihres Status, ihrer ethnischen Zugehörigkeit und ihrer sexuellen Orientierung diese nicht repräsentieren [...]" (Brandes 2002: 22). Aus dieser Perspektive drücken die unterschiedlichen Männlichkeitsformen „[...] immer auch unterschiedliche Machtpositionen in Relation zu Frauen wie zu Männern aus" (ebd.: 22).

Das Interesse der Männer am Patriarchat ist zwar gewaltig, doch wirkt sich dieses nicht wie eine gemeinsame Kraft in einer homogenen Struktur aus – also unveränderbar: Neue Horizonte im Wechselspiel sowohl der Geschlechter als auch von Klasse, Rasse und Globalisierung können sich eröffnen, die Veränderungen ermöglichen und patriarchale Einflüsse mindern (vgl. Connell 1999: 264 f.). Im Übrigen lässt sich „Nicht ‚alles, wirklich alles', was auf dem großen Feld von Männlichkeit zu beobachten ist, [...] auf eindeutige Weise mit Mechanismen von Hegemonie und Unterordnung beschreiben [...]. Zwar lohnt es sich, im Sinne des Konzepts von Connell nach solchen Mechanismen zu fragen; die Antworten jedoch fallen differenzierter aus und müssen der Vielfalt von Männlichkeitsentwürfen [...] Rechnung tragen" (Dinges 2005: 170). Dinges äußert sich zur Frage, was denn nun die aktuelle hegemoniale Männlichkeit sei, folgendermaßen: „Die Analysen [...] stützen in vielen Fällen die Annahme, daß es nicht nur die eine – jeweils historisch konkrete – hegemoniale Männlichkeit gibt. Detaillierte Studien zeigen [...], daß verschiedene Männlichkeitsentwürfe [...] konkurrieren und daß sich [...] vielschichtige Überschneidungsverhältnisse zwischen ständischen, altersbedingten und geschlechterspezifischen Kodierungen in den akademischen Gruppenkulturen nachweisen lassen. Aus diesem Grunde macht es Sinn, Männlichkeit einerseits geschlechtsspezifisch, andererseits in ungleichen soziokulturellen Verhältnissen zu untersuchen, weil es hegemoniale Männlichkeit „[...] in der homosozialen Dimension nur in Relation zu anderen Lagen sozialer Ungleichheit geben [...]" kann, „[...] vor allem zu Klassen-, Generations-, ethnischen Lagen und im Verhältnis sexueller Orientierungen" (Dinges 2005: 220).

2.2.4 *Doing gender / Doing masculinity*

Der Soziologe Michael Meuser forscht im Bereich von *doing gender* bzw. *doing masculinity* – in einem Bereich, in welchem Männlichkeiten agieren und ihre Handlungen für andere sichtbar werden. Der männliche Habitus kann sich in einer Vielzahl von Formen äußern, „[...] als Generalverantwortlichkeit für Wohl und Wehe der Familie [...] in physischer Gewalt, in der Form von prosozialem Handeln [...] wie in der Hypermaskulinität […]" (Meuser 1998: 118–119, s. Kapitel 2.2.2). Nach Meuser richtet sich männliches Gewalthandeln gegen Frauen, gegen andere Männer und gegen sich selbst (Suizid). Zur Weiterentwicklung des Konzepts der hegemonialen Männlichkeit greift Meuser auf Bourdieus Konzept des männlichen Habitus und der männlichen Herrschaft zurück. Er verbindet dieses mit Connells Ansätzen (vgl. Meuser 2010: 108). Der Historiker Dinges und der Sozialisationstheoretiker Böhnisch unterstützen diese Vorgehensweise, weil sich dadurch historische Entstehungsprozesse eindeutiger nachweisen und Begrifflichkeiten präzisieren lassen (vgl. Dinges 2005: 154, Böhnisch 2003: 63).

Doing gender bedeutet, dass Individuen ihre Geschlechtszugehörigkeit durch an kulturellen Idealen orientierte Handlungen darstellen. Die binäre Geschlechterkodierung, die ein zentraler Ordnungsmechanismus unserer Gesellschaft ist, lässt homosoziale Beziehungsgeflechte zwischen Männern unberücksichtigt. Für die geschlechtssoziologische Forschung ergibt sich daraus die Notwendigkeit, einem dualen Ansatz *(Dual-System-Theory)* zu folgen, d. h. hetero- und homosoziale Dynamiken in den sozialen Interaktionen zu untersuchen sowie die binnengeschlechtliche Gewalt, die einen Beitrag zur Reproduktion hegemonialer Männlichkeit leistet. Unabhängig davon, dass die These der Omnirelevanz des *doing gender* mit der Annahme, „[…] *jedes* Handeln […] sei zugleich ‚doing gender', nicht unwidersprochen geblieben ist" (Meuser 1999: 54), verweist diese These doch auf die Notwendigkeit, männliches Handeln, Devianz und Delinquenz „als eine Form des „doing gender" (genauer: des „doing masculinity"), als eine Praxis der Geschlechtsdarstellung" (ebd.: 54) zu betrachten: „Männlichkeit sei […] zuerst eine Sache zwischen Männern, die Frauen nur in unterstützenden Rollen braucht. Es ist die Konkurrenz zwischen Männern, die Männlichkeit bestimmt" (ebd.: 57).

Den geschlechtlichen Habitus bestimmt Meuser „[…] als strukturierendes gesellschaftliches und individuelles Prinzip" (Pech 2002: 36) nach Bourdieu, demzufolge die einverleibte Sichtweise durch die Sozialisationsagentur, welche „[…] implies a definite script a charter under which the agency acts on behalf of the society and a degree of consensus about what it is to do and how to do it" (Connell 1987: 192) und die, eine grundlegende Sicherheit im individuellen männlichen Handeln generiert. Diese habituellen Sicherheiten – z. B. Sicherheit über die eigene Position in der Familie, Sicherheit in der Interaktion zwischen Männern sowie zwischen Männern und Frauen oder Sicherheit in der Männlichkeitsdarstellung – wurden nicht geschlechtlich wahrgenommen; der verankerte Stereotyp männlicher Dominanz wird als gegeben akzeptiert (vgl. Pech 2002: 37). Demzufolge versteht Meuser „[...] hegemoniale Männlichkeit als generatives Prinzip der Konstruktion von Männlichkeit, das [...] sich in unterschiedlichen Ausprägungen sowohl in perfekten Verkörperungen hegemonialer Männlichkeit (so es diese überhaupt gibt) als auch in den sehr viel häufiger verbreiteten untergeordneten Männlichkeiten auffinden lässt" (Meuser 2010: 108, vgl. Meuser 1999: 54–57). Somit ist hegemoniale Männlichkeit ein effektives symbolisches Mittel, um Geschlechtsdifferenzen und Machtverhältnisse aufrechtzuerhalten (vgl. Meuser 1999: 55).

Männergewalt gegen Frauen folgt der Logik der patriarchalen Männerherrschaft auf der Basis der Zwangsheterosexualität: Ein Mann, der einer Frau Gewalt antut, handelt zwar außerhalb der Rechtsordnung, verharrt jedoch innerhalb der Geschlechterordnung, wodurch sich das Konzept des Patriarchalismus heute nicht mehr aufrechterhalten lässt. Der *gender*-Begriff ist demzufolge ein seriöserer Begriff, denn er umfasst alle sozialen Verhältnisse, in denen Menschen unterschiedliche geschlechtliche Positionen zugewiesen werden. In der Genderforschung werden Männer, Männerwelten und Männlichkeitsmuster Gegenstand der Theoriebildung und Forschung. Handlungsorientierte und konstruktivistische Ansätze gewinnen hier an Bedeutung und führen von eindimensionalen Täter- und Opferzuschreibungen weg. Geschlechtsexklusive Zuschreibungen werden problematischer (vgl. ebd.: 51 f.). Meuser verweist jedoch darauf, dass sich die Forschungslage zur Konstruktion von Männlichkeit gegenwärtig kein Urteil darüber erlauben kann, welcher Geschlechtsrelation mehr Gewicht zukommt. Seine Absicht ist es, Perspektiven von *doing masculinity* zu *eröffnen,* was er am Beispiel männlicher Bandendelinquenz verdeutlicht (vgl. ebd.: 57–62). Meuser empfiehlt insgesamt eine „geschlechtssensible" Kriminologie, die darauf achtet „[...] welche kriminelle Aktivität in welchen Situationen in welcher Hinsicht und mit welchen Auswirkungen auf die Geschlechterordnung zugleich ‚doing gender' ist" (ebd.: 63).

Anstelle des Begriffs *doing gender* bevorzugt Böhnisch den gesellschaftswissenschaftlichen Begriff „Praxis", weil dieser die *gendered society* nicht nur in Interaktionen und deren Verfestigung in Institutionen einbettet, sondern zugleich auch in ihre Geschichte und Struktur sowie in die Tiefendynamik des Unbewussten (vgl. Böhnisch 2003: 10). Connells Perspektive, der es wegen zunehmender Krisentendenzen in der modernen Geschlechterordnung um die Erneuerung „[…] einer Tiefenstruktur von Männlichkeit“ (Connell 1999: 107) geht, korreliert insofern nach meinem Dafürhalten durchaus mit der tiefendynamischen Sicht von Böhnisch.

3. Männliche Sozialisation und Persönlichkeitsentwicklung

Sozialisation umfasst alle Lebensbereiche: In einem lebenslangen Prozess werden Verhaltensweisen und Beziehungsmuster vermittelt, die internalisiert werden (s. Kapitel 2.2.2) Als Sozialisation lassen sich die Wirkungen der klassischen Sozialisationsinstanzen – Familie, Schule, Ausbildungs- und Arbeitsstätten – sowie die Wirkungen alltäglicher Lebenssituationen und -ereignisse zusammenfassen.

Sozialisation ist zu verstehen „als der Prozeß der Entstehung und Entwicklung der Persönlichkeit in wechselseitiger Abhängigkeit von der gesellschaftlich vermittelten sozialen und materiellen Umwelt" (Nissen 1998: 20). In diesem Prozess geht es zum einen um die Entwicklung der Individualität (Emotionen, Interessen, Motivationen, Sprache, Wissen, Werthaltungen), „[...] zum anderen um Vergesellschaftung, d. h. Entwicklung des Sozialcharakters innerhalb einer historisch bestimmten Gesellschaft", wobei „[...] Menschen [...] auf sich und ihre Umwelt immer auch selber einwirken und sich [...] zum handlungsfähigen Subjekt entwickeln" (ebd.: 21). Dieses reflexiv interaktive Modell, an dem sich psychologische und soziologische Ansätze orientieren, hat sich in den neueren Theorien der Persönlichkeitsentwicklung und Sozialisation durchgesetzt, d. h. Entwicklung geschieht in wechselseitiger Abhängigkeit zwischen Individuum und Umwelt (vgl. ebd.: 21 f.). Unabhängig davon, dass jede Persönlichkeitsentwicklung einmalig ist, bringen typische Formen der Sozialisation ähnliche individuelle Biografie- und Handlungsmuster hervor, z. B. zwischen einzelnen Generationen, Kulturen und Geschlechtern, die in hierarchischen Beziehungen zueinander stehen (vgl. Nissen 1998: 22 f.). „Die Geschlechter-Hierarchie zeigt sich noch immer besonders deutlich hinsichtlich der Verteilung politischer Macht" (ebd.: 23).

Das soziale Lernen[36], also das Lernen am Modell ist für die neuere Sozialisationsforschung von Relevanz. Menschen lernen einerseits durch persönliche Erfahrung, andererseits am Modell und durch die Beobachtung des Verhaltens anderer. Bandura hat in zahlreichen Experimenten[37] untersucht, wie und unter welchen Umständen beo-

36 Soziales Lernen ist ein kognitiver Lernprozess, in dem Sozialisationsleistungen über Bezugspersonen und -gruppen vermittelt werden.

37 Bandura erhielt seine Erkenntnisse durch Laborexperimente, also aus einer künstlich geschaffenen Realität. Er selbst empfiehlt die Prüfung der Ergebnisse auf ihre Alltagsübertragbarkeit bzw. auf eine Generalisierung.

bachtetes Verhalten wirksam wird, weil die Beobachtung das Lernen der Menschen erleichtert und dadurch zukünftige Verhaltensweisen modifiziert, Fehler vermieden und bis zu einem gewissen Grad Verhaltensweisen kontrolliert werden können. In seiner Theorie des sozialen Lernens wird „[...] Aggression als ein komplexes Ereignis betrachtet, das sowohl Verhaltensweisen, die schädliche und destruktive Folgen haben, als auch Prozesse sozialer Etikettierung einschließt" (Bandura 1979: 19). Eine Definition von „Aggression" muss zudem bestimmen, welche schädlichen Verhaltensweisen das Etikett „aggressiv" bekommen (vgl. ebd.: 19) soll.

Nach Bandura werden aggressive Fähigkeiten allgemein hoch geschätzt, weil sie lohnende und sichere Effekte erzielen und weil aggressive elterliche Modellierung bei delinquenten Jugendlichen häufiger auftritt als bei nicht-delinquenten. Dies spricht dafür, dass Aggression Delinquenz fördert (vgl. Bandura 1979: 58–79). Bandura bezieht sich auf das Milgram-Experiment (s. Kapitel 4.4), das anschaulich demonstriert, wie Forderungen legitimer Autoritäten als wirksame Auslöser inhumaner aggressiver Handlungsweisen dienen können (vgl. Bandura 1979: 198). Nicht nur, dass die Ursache eines Verhaltens zu Erfahrung führt, auch aus der Wirkung eines Verhaltens kann gelernt werden. Demnach sind in Lernprozesse Sozialisations- und Kontrollleistungen von Bezugspersonen und -gruppen einzubeziehen, die auf das Verhalten von devianten und delinquenten Individuen einwirken und die aus der *Labeling*-Perspektive (s. Kapitel 4.3.2) betrachtet ein bedrohliches Wechselspiel von Stigmatisierung und Abweichung auslösen können.

Im Folgenden werden vornehmlich die Ansätze von Hagemann-White und Böhnisch dargestellt, weil sie als „[...] richtungsweisend im bundesdeutschen Diskurs über männliche Persönlichkeitsentwicklung" (Pech 2002: 40) und den männlichen Sozialcharakter gelten. Darüber hinaus scheint mir das Praxiskonzept von Brandes weiterführend, der psychologische und psychoanalytische Sichtweisen mit dem Habituskonzept des französischen Soziologen Bourdieu verbindet. Seine auf der persönlichen Ebene und in der „Praxis" gewonnenen Erkenntnisse werden hier eingebracht.

3.1 Das Konzept Nicht-Nicht-Mann

Hagemann-White, die sich seit den 80er Jahren mit sozialen Kategorien von Weiblichkeit und Männlichkeit befasst, vertritt die Meinung, dass die Frage nach den Einflussfaktoren für männliches bzw. weibliches

Verhalten von der Forschung bislang nicht beantwortet wurde, weil in vielen Fällen Ergebnisse der Primatenforschung undifferenziert auf die menschliche Sozialisation übertragen wurden: „Die Erforschung von ‚*Dominanz*' als Merkmal oder Eigenschaft ist aus der Tradition der Theorien der ‚Affengesellschaft' entstanden. Untersuchungen im Bereich von Eigenschaften wie Leistungsstreben, Neugier, Selbstwertgefühl, Einfühlungsvermögen, Hilfsbereitschaft ergeben bei Mädchen und Jungen keine nennenswerten Unterschiede (vgl. Hagemann-White 1984: 17–20). Als Unterschied im Sozialcharakter zwischen Mädchen und Jungen bis zur Pubertät kann grundsätzlich zwar festgehalten werden: „[...] daß die durchschnittliche Häufigkeit aggressiven Verhaltens bei Jungen höher liegt, wobei nicht klar ist, ob dies auf das Konto eines kleinen Anteils von sehr aggressiven Jungen geht, oder ob die Mehrheit der Jungen aggressiver als die Mehrheit der Mädchen ist [...]" (Hagemann-White 1984: 20).[38]

Nach Hagemann-White bilden vielmehr die geschlechtsspezifischen Lebens- und Sozialisationsbedingungen den Hintergrund für die Entstehung geschlechtsspezifischer Eigenschaften: Jungen und Mädchen werden entsprechend den Geschlechterstereotypen (s. Fußnote 19) in ihrer Erziehung direkt und indirekt unterstützt und gleichen sich sukzessive den Fremderwartungen an. Jungen leiden andererseits unter der zunehmenden Feminisierung in den primären Sozialisationsinstanzen, bedingt durch die Abwesenheit von Vätern bzw. durch den Mangel an männlichen Vorbildern (vgl. Hagemann-White 1984: 29–42). Eine komplizierte Sozialisationskonstellation entsteht vor allen Dingen dann, wenn sich die Mutter auf ihre Rolle als Ehefrau und Mutter festlegt, somit mit Wärme und Geborgenheit, aber auch mit Selbstaufgabe und Abhängigkeit identifiziert wird und der Vater allein für Autonomie steht: eine Konstellation, die gekennzeichnet ist „[...] von der ‚übermächtigen Mutter' und vom ‚unsichtbaren Vater' [...] aus der es scheinbar keinen anderen Ausweg gibt als wechselseitige Schuldzuweisungen" (Brandes 2001: 15). Die so entstehenden Modelldefizite führen dazu, dass sich Jungen „[...] männliches Verhalten selbst durch Versuch und Irrtum stets

38 Mit Berücksichtigung vielfältiger Verhaltensweisen, die dem Bereich Aggression zugeordnet werden, sowie der Definitionsmacht von Beurteilenden (vgl. Bandura 1979: 22) kann Aggression „[...] in Abhängigkeit von verschiedenen Kontextmerkmalen und Perspektiven der Beteiligten und Beobachter variieren" (Scheithauer 2003: 22). Demzufolge kann auch auf dem Gebiet der Aggression keine eindeutige Geschlechtszuordnung erfolgen.

,erkämpfen', Sie ernten dadurch – besonders, wenn sie sich maß- und grenzenlos verhalten – auch viel Ärger [...] und erleiden vielfältige Strafen und Gewalteinwirkungen" (Bründel/Hurrelmann 1999: 24). Im geschlechtlichen Identifikationsprozess müssen sich Jungen von ihren Müttern abgrenzen und ihre „Männlichkeit", d. h. den starken Mann beweisen. Mangels männlicher Präsenz müssen Jungen ihre Geschlechtsidentifikation durch Negation und Abgrenzung bewerkstelligen, d. h. die Menschen (Frauen) in ihrer Umgebung seien „Nicht-Männer", zu denen sie sich abgrenzen (müssen), um ein Mann zu werden. Diese doppelte Negation, die auch als „Nicht-Nicht-Mann-Identifikation" bezeichnet wird, formt den männlichen Sozialcharakter: Die Nicht-Männer in der kindlichen Umwelt sind die fürsorglichen, schützenden, liebevollen Mütter, also „Kindergärtnerinnen". Der Nicht-Nicht-Mann darf all das nicht tun, weil er sich durch Härte und Distanzierung auszeichnet (vgl. Hagemann-White 1984: 90–94), entsprechend der normativen Definition von Männlichkeit (s. Kapitel 2.1). Diese Ambivalenz erhöht sich im Lauf der Sozialisation: einerseits durch die Betonung des „starken Mannes" in den Medien, andererseits, wenn sich Jungen gegen eine emotionale Vereinnahmung durch die Mutter zur Wehr setzen müssen, um ihre Unabhängigkeit zu demonstrieren (s. Kapitel 2.2.1). Frauen und weibliche Kompetenzen erfahren in diesem Prozess eine immer größere Abwertung (vgl. Bründel/Hurrelmann 1999: 24–29).

Die räumliche, mentale und emotionale Nicht-Präsenz der Väter bzw. männlicher Bezugspersonen im Beziehungs- und Erziehungsalltag der Jungen, so kann resümiert werden, erschwert den männlichen Identifikationsprozess, wodurch die Bedeutung des Vaters bzw. männlicher Bezugspersonen im Erziehungsprozess sichtbar wird und sich ein „Nicht-Nicht-Mann" herausbildet. In *peergroups* versuchen Jungen, das erzieherische Defizit in einer gemeinsamen Begeisterung für „imaginierte Väter" in Form von männlichen (Medien-)Idolen auszugleichen (vgl. Hagemann-White 1984: 92 f.).[39]

39 Grundsätzlich, so weisen repräsentative Studien nach (s. Kapitel 1.3), wünschen sich Männer mehr körperlichen Kontakt zum Vater. Traditionelle Männer sind eher an der biologischen Fortpflanzung als an Erziehungsaufgaben interessiert. Väter mit berufstätigen Frauen beteiligen sich mehr am Familienleben, als solche, die mit einer nicht-berufstätigen Partnerin zusammen sind, und Väter, die sich aus ihrer traditionellen Rolle lösen bzw. gelöst haben, scheinen im Beziehungs- und Erziehungsalltag ihrer Kinder präsenter zu sein – wie auch immer sich diese Präsenz gestaltet.

Kritik erfährt das Konzept von Hagemann-White vor allen Dingen in dem Punkt, dass nicht erklärt wird, welche Entwicklung Jungen durchlaufen, die von Männern als primäre Bezugspersonen erzogen werden. Durch die Konzentration auf ein (biologisches) Mutter-Kind-Verhältnis und die Ausblendung einer patriarchalen gesellschaftlichen Umwelt für eine individuelle Entwicklung ist eine Verallgemeinerung ihres Konzepts deshalb nur eingeschränkt möglich (vgl. Pech 2002: 43).

3.2 Das Konzept Entgrenzung von Männlichkeit

Mit dem Konzept „Entgrenzung von Männlichkeit" gelingt Lothar Böhnisch ein eigenständiger Beitrag, der sich vom Habitus-Konzept und dem Konzept der hegemonialen Männlichkeit unterscheidet. Er beschäftigt sich – im Gegensatz zu Connell – mit dem männlichen Prinzip „[...] der Externalisierung und Abspaltung[40], das den Männern in unserer Gesellschaft persönlichkeitsprägend zugeschrieben wird" (Böhnisch 2003: 13). Böhnisch geht auf die „Soziale(n) Theorien des Kapitalismus" von Eduard Heimann (1889–1967) zurück und verdeutlicht, dass hegemoniale Männlichkeit in einem industriekapitalistischen Vernetzungszusammenhang steht, den das Connell'sche Konzept nicht fassen kann, wenn es darum geht, Ambivalenzen und Verdeckungen von Männlichkeit der Entgrenzung und der strukturellen Gewalt gegen Männer in der Dynamik des Strukturwandels aufzudecken. Böhnisch sucht infolgedessen nach den Entwicklungsbedingungen von Männlichkeit in den veränderten Strukturen des neuen Kapitalismus (vgl. ebd.: 55–70).

Ausgehend davon, dass „Die frühkindliche heterosexuelle Matrix, aus der alle späteren psychosexuellen Bewältigungsprobleme folgen" (ebd.: 22), beim Jungen durch Abstoßung und Anziehung vom Weiblichen gekennzeichnet ist, hängen Bewältigungsmechanismen nicht nur mit dieser Matrix zusammen, sondern vor allen Dingen mit „[...] der biologisch-psychischen Ausgangslage [...], die mit der ‚Geburt durch die Frau' eine heterosexuelle Tiefenstruktur entfaltet" (ebd.: 22). Böhnisch spricht nicht von Zwangsheterosexualität, also einer gesellschaftlich-interaktiven Konstruktion, bestehend aus Erwartungen und Zuschreibungen, sondern von einem frühkindlich geformten heterosexuellen Kern, der bewältigungsproblematisch ist. Da Männer den Habitus der Externalisierung und Abspaltung nicht so einfach abschütteln können, existiert er als Strukturtyp in der ökonomisch-technologisierten Entwicklung fort, unabhängig davon, ob sich Männer im sozialen Zusammenleben ändern bzw. ändern wollen (vgl. ebd.: 13, 35). Das Externalisierungsprinzip, das sich in den Lebenswelten von Mann und Frau bereits verselbstständigt hat, trägt zwar männliche Züge, ist aber nicht mehr an „Männlichkeit" gebunden, weil es von Frauen und Männern gleichermaßen verkörpert werden kann. Männlichkeit ist aus dieser Perspektive zwar lebensweltlich

40 Böhnisch bezieht sich auf das Paradigma „der männlichen Abspaltung von Hilflosigkeit" des Psychoanalytikers Arno Gruen (vgl. Böhnisch 2003: 21, vgl. Gruen: 1986: 81–89).

von ihrer traditionellen Hypothek maskuliner Dominanz entlastet (vgl. ebd.: 12–14, 36, 50–54), aber trotz den Errungenschaften des Feminismus ist die „[…] geschlechtshierarchische Arbeitsteilung als *Struktur* geblieben" (ebd.: 10 f.), weil das „[…] industriekapitalistische Prinzip auch im neuen, digitalen Kapitalismus wirkt" (ebd.: 11).[41] Ökonomisch-technologisierte Prozesse, die seit dem Ende des 20. Jahrhundert auf die Geschlechterordnung einwirken, sie demokratisieren und modernisieren, bewirken geschlechtsdifferente und tiefendynamische Prozesse, in denen Bewusstseinsänderungen und Freisetzungsprozesse vonstatten gehen, die u. a. verdeutlichen, dass sich „[…] viele Männer danach sehnen, aus der überkommenen Zwangsjacke ‚Mann' zu schlüpfen" (ebd.: 15). Männer geraten durch den Leistungszwang in zunehmenden *Genderstress*, wodurch ihnen die „Demokratisierung des Privaten" verwehrt bleibt (vgl. ebd.: 33). Demgegenüber können Frauen den männlichen Habitus mittlerweile inkorporieren, indem sie die weiblichen Anteile der Fürsorge mit männlichen Dominanzanteilen verbinden. Dieser Gendermix schafft eine Art von weiblicher Hegemonialität (vgl. ebd.: 32), der Connell keine Beachtung schenkt. Für Böhnisch ist „[…] das Phänomen der Entgrenzung der Männlichkeit der strategische Ort, von dem die Zukunft des Mannseins und des Geschlechterverhältnisses von der Männerseite her thematisiert werden" (ebd.: 13, vgl. ebd.: 39–46) und der Frage nach der Veränderung „des Mannes" nachgegangen werden kann.

Böhnisch kritisiert soziologische Diskurse, in denen die Freisetzung von Männlichkeit sowie die Bewältigung des Mannseins ausschließlich auf der Makroebene gesellschaftlicher Modernisierung und Demokratisierung im Rahmen von Hegemonie und Macht stattfindet. Psychoanalytische und biologische Diskurse sowie die persönliche Ebene werden außer Acht gelassen. In dem Bewältigungsparadigma von Böhnisch „heben sich demgegenüber die Differenzierung von *sex* und *gender* auf, ohne dass das biologische Konzept kippt und ohne dass es […] sozial abhebt, von der Natur des Menschen abstrahiert" (ebd.: 23). Das Konzept der hegemonialen Männlichkeit und das *doing gender/doing masculinity*-Konzept, die mit der sozial-konstruktivistischen Sichtweise verbunden sind, geraten durch das Konzept der „Entgrenzung von Männlichkeit" unter Druck: Beide Konzepte können sich nach Dinges den Herausforderungen des 21. Jahrhunderts

41 Böhnisch bezieht sich auf den Philosophen Peter Sloterdijk, der von globalisierten, gegenwarts- und überlebensfixierten Stressgesellschaften spricht (vgl. Böhnisch 2003: 30).

nicht stellen, in dem sich Männlichkeit nicht mehr ausschließlich den Begriffen „Dominanz“ und „Hegemonie“ zuordnen lässt (vgl. Dinges 2005: 170).

4. Männliche Trias: Devianz, Delinquenz, Viktimisierung

Jungen und Männer erfahren früh in ihrer Sozialisation, was männliches Verhalten bedeutet und dass ein dominanter, aggressiver Mann besonders stark, mächtig und männlich ist. Persönliche Unzulänglichkeiten werden mit physischem und gewalttätigem Verhalten kompensiert. Muster von Gewalt werden in der Kindheit eintrainiert, sie festigen sich in *peergroups*, um schließlich im Erwachsenenalter realisiert zu werden. Wer das tut, fühlt sich obendrein im Recht, weil er in Übereinstimmung mit der jeweiligen *peergroup* oder der Männerkultur handelt, in der er sich darstellt: „In Gruppenkonflikten kann Gewalt dazu dienen, sich der eigenen Männlichkeit zu versichern oder diese zu demonstrieren" (vgl. Connell 1999: 104 f., s. Kapitel 5.1.2). „Der Modus, in dem sich unterschiedliche Männlichkeiten in ein hierarchisches Verhältnis zueinander setzen, ist der Wettbewerb: Das Bemühen, einem anderen Mann – in welcher Weise auch immer – überlegen zu sein, wird frühzeitig eingeübt. Angeeignet werden die Spielregeln des Wettbewerbs und die formale Ausprägung des männlichen Habitus durch Lernprozesse, und zwar durch schlichte Gewöhnung, durch explizite Unterweisung und durch Handeln in der gesellschaftlichen Struktur (vgl. Bourdieu 1993: 58, vgl. Dinges 2005: 222). So ist Gewalt „[...] im Sinne einer strukturellen Homologie mit anderen ernsten Spielen des Wettbewerbs [...] ein typisch männliches Phänomen und eine Handlungsressource, die Männern mehr als Frauen kulturell zur Verfügung steht" (Dinges 2005: 223). Das gegenwärtig hohe Ausmaß an Gewalt führt Connell auf die Dynamik in zwischenmenschlichen Beziehungen zurück, die durch die Krise der modernen Geschlechterordnung initiiert wird und die nicht ohne Auswirkungen auf Männer bleiben kann. Ausgelöst werden „Krisentendenzen", wenn Fragen nach der sozialen Gerechtigkeit nicht berücksichtigt werden und sich ungleiche Strukturen nicht verändern, die zu massiven Einengungen sozialer Ressourcen führen. Da das dominierende Geschlecht obendrein die Gewaltmittel in den Händen hält (s. o.), wird Gewalt benutzt, um die männliche Dominanzkultur zu sichern: Die Bandbreite reicht vom Nachpfeifen auf der Straße bis zu schweren Gewalt- und Tötungsdelikten. (vgl. Connell 1999: 84 ff.). Obwohl eine jungenspezifische Zuschreibung von Aggression problematisch ist, scheinen Jungen aggressiver als Mädchen, was zu Devianz und Delinquenz führen kann (s. Kapitel 3.1).

Gewalt, Gewaltkriminalität, -prävention und -täter stehen im Mittelpunkt kriminologischer und kriminalwissenschaftlicher Forschungen. Mit den Ursachen beschäftigen sich Soziologen, (Sozial-)Psychologen, Neuropsychologen, Biologen, Neurologen, Anthropologen, Ökonomen und Kriminologen. Letztere versuchen das Phänomen „Kriminalität" interdisziplinär zu erklären, wobei sich die kritischen von den ätiologischen Kriminologen auch darin unterscheiden, dass sie sich mit vernachlässigten Gebieten wie der Wirtschafts-, Umwelt- und Kriegskriminalität beschäftigen.

In diesem Kapitel werden die männliche Täterschaft und Opferwerdung im Rahmen von Hellfelddaten und Dunkelfeldforschungen untersucht, der Gewaltbegriff wird bestimmt, und kriminologische Theorien und Ansätze sowie Forschungsexperimente werden vorgestellt. Daraus resultierend fließen Erklärungsversuche über das männliche Gewaltphänomen und Viktimisierungsursachen in den Diskurs ein.

4.1 Zum Gewaltbegriff

Nach Galtung liegt Gewalt dann vor, „[...] wenn Menschen so beeinflußt werden, daß ihre aktuelle somatische und geistige Verwirklichung geringer ist als ihre potentielle Verwirklichung" (Galtung 1975: 9). Galtung erweitert die Gewalt-Definition, wo zwischen physischer (z. B. durch Schläge, Vergewaltigung, Tötung) und psychischer Gewalt (z. B. durch Vernachlässigung, Drohung, Kontrolle) unterschieden wird, um den Begriff der strukturellen Gewalt „[...] als eine abstrakte Form ohne gesellschaftliches Leben, die dazu benutzt wird, Menschen so zu bedrohen, daß sie sich unterwerfen: wenn du nicht brav bist, werden wir all die häßlichen Strukturen, die wir früher hatten, wieder einführen müssen" (ebd.: 15). Er unterscheidet:

1. direkte personale Gewalt, mit dem Ziel der physischen Verwirklichung
2. indirekte strukturelle Gewalt mit dem Ziel der Verwirklichung von sozialer Ungerechtigkeit.[42]

42 Im Geschlechterverhältnis bezieht sich strukturelle Gewalt z. B. auf die Einkommensunterschiede bei Mann und Frau oder die ungleiche Verteilung von Machtpositionen.

Da beide Typen inhaltlich wie formal miteinander verbunden sind, ist „[...] der Preis für die Abwesenheit des einen Typs von Gewalt [...] die Gefahr des Auftretens des anderen" (ebd.: 27). In der Praxis können sich beide zu Gesellschaftsformen entwickeln, „[...] in denen weder der eine noch der andere Aspekt von Frieden verwirklicht wird" (ebd.: 33). Im Gegensatz zur personalen Gewalt, bei der Opfer und Täter eindeutig identifizierbar sind, übt strukturelle Gewalt innerhalb von Staats- und Institutionsformen sowie Hierarchien indirekte Gewalt auf Menschen aus. Galtung führt darüber hinaus den Begriff der kulturellen Gewalt ein: eine Gewalt, mit der auf der Basis von Ideologien, Haltungen und Legitimationssystemen sowohl personale als auch strukturelle Gewalt legitimiert werden kann (vgl. ebd.: 9–36). Obwohl Galtungs Verständnis von Gewalt als unpräzise kritisiert wird, bleibt die Erkenntnis, dass es nicht ausreicht, Gewalt auf zwischenmenschliche Handlungen und Verhaltensweisen zu reduzieren. Kulturelle Systeme und gesellschaftliche Strukturen gilt es ebenso zu berücksichtigen wie Machtgefüge und Machtdemonstrationen zwischen Tätern und Opfern mit dem Ziel der Unterwerfung und der Fremdbestimmung.

Interpersonale Gewalt ist dem Bereich der personalen Gewalt zugeordnet. Sie kann sich sowohl auf der physischen, als auch auf der verbalen und psychischen Ebene zeigen. Darunter subsumieren sich Verhaltensweisen, die anderen Personen körperlichen Schaden zufügen. Interpersonale Gewalt enthält folgende Elemente:

1. Verhaltensweisen von einer oder mehreren Personen, die zu einem körperlichen Schaden führen, diesen androhen bzw. anzudrohen versuchen.
2. Das Vorhaben einer körperlichen Schädigung unter Ausschluss von Fahrlässigkeit und Rücksichtslosigkeit.
3. Personen (Opfer), gegen die sich diese Verhaltensweisen wenden (vgl. Scheithauer 2003: 20).

Der Gewaltbegriff, der hier verwendet wird, orientiert sich an Galtungs erweiterter Definition (s. Kapitel 4.1).

4.2 Täterschaft und Opferwerdung

Jungen sind besonders im Alter von 14 bis 18 Jahren gewaltgefährdet (vgl. Bründel/Hurrelmann 1999: 95 f.). Hellfeld- und Dunkelfelddaten zeigen, dass bei der Gewaltkriminalität sowohl die Täterschaft als auch die Opferwerdung bei Jungen und Männern höher ist als bei Frauen, wobei das Dunkelfeld des Gewalthandelns gegen Frauen, insbesondere bei Delikten der Vergewaltigung und der sexuellen Nötigung, hoch ist. Entsprechend kann von einer hohen Dunkelziffer bei Gewalthandlungen gegen andere Männer ausgegangen werden (vgl. Meuser 1999: 50).

4.2.1 Hellfelddaten

Prominente Hellfeld-Fälle[43] verdeutlichen das vielschichtige Deliktspektrum und die Komplexität von (Gewalt-)Kriminalität. Darüber hinaus sind Fehleinschätzungen über das Kriminalitätsaufkommen in der deutschen Bevölkerung keine Seltenheit, die Windizio/Kleimann auf den operativen Konstruktivismus der (Massen-)Medien zurückführen, d. h. auf eine Berichterstattung, die sich durch gezielte Nicht-Information und Selektion extrem reizgeladener, antisozialer, krimineller und gewaltbezogener Vorkommnisse (vgl. Windzio/Kleimann 2006: 193–196) auszeichnet.

Auf das Hellfeld der Kriminalitätsentwicklung in Deutschland im Bereich der Gewaltkriminalität sei deshalb in aller Kürze hingewiesen. Die Hellfeldaten der Polizeilichen Kriminalstatistik 2011 (PKS)[44] weisen insgesamt in den Jahren 1993–2003 einen Rückgang der Kriminalität aus. Im Gegensatz dazu vermutete die Bevölkerung einen Anstieg (s. o.). Während die Zahlen in den meisten Deliktbereichen zurückgegangen sind, gab es in diesem Zeitraum einen deutlichen

43 Jörg Kachelmann, Dominique Strauß-Kahn, Assange vs. Bradley Manning, Anders Behring Breivik usw.

44 Die PKS ist eine Ausgangsstatistik und ein Arbeitsnachweis der Polizei, die weder etwas über Anklagen noch über Verurteilungen aussagt. Die registrierten Fälle werden lediglich an die Staatsanwaltschaften weitergeleitet. Infolgedessen kann die Fallentwicklung nicht nach Alter, Geschlecht usw. erfasst werden. Staatsschutzdelikte, Verkehrsdelikte und Straftaten, die außerhalb der BRD begangen werden, sind in der PKS nicht registriert. Ihre Aussagekraft ist also begrenzt, weil nur das Hellfeld – also die der Polizei bekannt gewordene Kriminalität – erfasst wird. Die dargestellte Kriminalitätsentwicklung kann sich u. a. durch das Anzeigeverhalten und die polizeiliche Kontrollintensität ständig verändern (vgl. PKS 2010: 2).

Zuwachs bei Betrugsdelikten, Körperverletzung und Drogenhandel. Bei der aktuellen Fall- und Tatverdächtigenentwicklung im Bereich der Gewaltkriminalität[45] verzeichnet die PKS 2010 im Vergleich zu 2009 einen Rückgang von 3,5 Prozent, überwiegend bei gefährlicher und schwerer Körperverletzung jugendlicher Tatverdächtigen (vgl. ebd.: 8). Männer sind bei den Tatverdächtigen im Bereich der Gewaltkriminalität überproportional vertreten: Der männliche Anteil liegt bei 74,6 Prozent. Die Tatverdächtigen sind zu 78,1 Prozent deutsche Staatsbürger und zu 21,9 Prozent Nicht-Deutsche. Erwachsene ab 21 Jahren sind mit 74,9 Prozent, Heranwachsende von 18–21 Jahren mit 10,1 Prozent, Jugendliche von 14–18 Jahren mit 10,8 Prozent und Kinder unter 14 Jahren mit 4,3 Prozent vertreten. Trotz des Rückgangs bei den jugendlichen Tatverdächtigen bewegt sich die Jugendgewalt weiterhin auf einem hohen Niveau. Bei den Kindern (6- bis unter 14-Jährige) ist der Anteil an Tatverdächtigen 2010 im Vergleich zu 2009 um 4,8 Prozent zurückgegangen (vgl. ebd.: 5–12).

Bei den Opfern, die nach Geschlecht und Alter erfasst sind, zeigt sich im Bereich der Gewaltkriminalität folgendes Bild: Die registrierten Fälle von Mord, Totschlag, Raub, räuberischer Erpressung und Körperverletzung wurden von insgesamt 64,1Prozent Männern und 35,9 Frauen verübt. Männliche Jugendliche im Alter von 14 bis 18 Jahren sind bei Sexual-, Raub- und Körperverletzungsdelikten und Männer zwischen 21 bis 60 Jahren bei Tötungsdelikten, Raub und Straftaten gegen die persönliche Freiheit überdurchschnittlich involviert. Ältere Menschen ab 60 Jahren sind seltener betroffen. Die Hauptopfergruppe bei den Straftaten gegen die sexuelle Selbstbestimmung, bei der es einen Anstieg von 2,6 Prozent gibt, sind Frauen (vgl. ebd.: 21).

Die Strafvollzugsstatistik weist einen ebenso hohen männlichen Anteil unter den Strafgefangenen in Deutschland aus: Von insgesamt 60 693 Strafgefangenen in Deutschland beträgt der männliche Anteil 57 568, also rund 95 Prozent. Davon ist die Mehrheit zwischen 30 und 40 Jahre alt, gefolgt von den 25- bis 30- und 40- bis 50-Jährigen. Der deutsche Anteil von insgesamt 47 319 Gefangenen beträgt 78 Prozent (vgl. Strafvollzugsstatistik 2011: 14 f.). Ein hohes Aufkommen von Straftaten ist in den Bereichen körperliche Unversehrtheit, Betäubungsmittel, Raub, Erpressung und Betrug zu verzeichnen.

Grundsätzlich kann festgehalten werden: Jungen und Männer sind im Deliktspektrum der Gewaltkriminalität als Täter und Opfer überdurchschnittlich vertreten. Jugendliche sind heute – im Gegen-

45 Dazu zählen Mord und Totschlag, sexuelle Nötigung, Raubdelikte sowie gefährliche und schwere Körperverletzung.

satz zu Jugendlichen vor 15 Jahren – häufiger in der PKS als Tatverdächtige von Gewalttaten registriert, was auch auf ein verändertes Anzeigeverhalten zurückgeführt wird (vgl. Baier et al. 2009: 25). In der PKS finden sich keine Erkärungen für Zusammenhänge und Ursachen von Männlichkeit, Täterschaft und Opferwerdung. In der Strafvollzugsstatistik findet die überdurchschnittliche männliche Präsenz bei Delinquenz eine Bestätigung.

4.2.2 Dunkelfeld-Jugendstudien

Die repräsentative Dunkelfeldstudie „Jugendliche in Deutschland als Opfer und Täter von Gewalt" vom Kriminologischen Forschungsinstitut Niedersachsen (KfN) führt in Zusammenarbeit mit dem Bundesministerium des Innern seit 1998 Untersuchungen zur Jugenddelinquenz durch (vgl. Baier et al. 2009: 7–37).[46] Die Studie basiert auf einer standardisierten Befragung zu den Themenkomplexen Gewalt, Schulschwänzen, Drogen- und Medienkonsum. An der Befragung beteiligten sich insgesamt 44 610 Schüler der 9. Jahrgangsstufe aus 61 Landkreisen und kreisfreien Städten Deutschlands. Trotz der kriminologischen Befunde in Bezug auf Jugenddelinquenz und der für sie spezifischen Charakteristik wie Ubiquität, Bagatellcharakter und Spontanbewährung[47] steht Jugendgewalt – verbunden mit Präventions- und Interventionsmaßnahmen – im Mittelpunkt des öffentlichen Interesses, unabhängig von etwaigen kriminalstatistischen Schwankungen.[48]

46 Grundsätzlich stellen repräsentative Dunkelfeldforschungen mit differenzierten Aussagen zur Belastung verschiedener Kriminalitätskategorien sowohl für Erwachsene als auch für Jugendliche in Deutschland eine Forschungslücke dar.

47 Für die Jugend – als eine Phase des Übergangs und der Persönlichkeitsbildung – gilt der Verstoß gegen geltende Normen als symptomatisch, der nach dieser Phase und ohne Einwirkung einer formellen Sanktionsinstanz (Spontanbewährung) zurückgeht. Ein Großteil der jugendlichen Normbrüche haben zudem Bagatellcharakter, z. B. begeht ein Großteil der Jugendlichen Ladendiebstähle.

48 Bei der Entwicklung der Zahlen über Tatverdächtige bei der Gewaltkriminalität ergibt sich zwischen 1993 und 2006 ein Rückgang von 41 Prozent mit einem leichten Anstieg 2007 und einem leichten Rückgang von 2009 auf 2010. Im Gegensatz dazu verdoppelte sich z. B. die Anzahl der Mehrfach-Gewalttäter in München seit 1998 von 6,0 Prozent auf 12,4 Prozent (vgl. Baier et al. 2009: 99).

Im Rahmen von Viktimisierungserfahrungen (vgl. ebd.: 38–50) wurden Daten für die Delikte Raub, Erpressung, sexuelle Belästigungen, sexuelle Gewalt und (schwere) Körperverletzung erhoben sowie die Lebenszeitprävalenz zur Ermittlung von Mehrfachopfern, das Alter der erstmaligen Viktimisierung und die Anzahl an Vorfällen innerhalb der letzten zwölf Monate. Im Bereich der elterlichen Gewalt reichte das Spektrum von der Ohrfeige bis zur Prügelstrafe. Generelle Viktimisierungserfahrungen wurden mit der Frage erhoben: „Wurde dir schon jemals Gewalt angetan, warst du also schon einmal Gewaltopfer?" und der Erläuterung, dass dabei nicht Situationen gemeint sind, in denen aus Spaß gekämpft wurde (vgl. ebd.: 38).

Es lässt sich festhalten: Jungen weisen bei schweren und einfachen Körperverletzungen, Raubtaten und Erpressungen ein hohe Opferquote auf.[49] Signifikante Unterschiede ergeben sich im Bereich des Migrationshintergrunds: Von häufigen Viktimisierungserfahrungen berichten Befragte aus Nordamerika und dem ehemaligen Jugoslawien. Niedrige Opferraten finden sich bei deutschen, südamerikanischen, russischen und türkischen Jugendlichen. Erklärt wird dieser Umstand u. a. damit, dass türkische Jugendliche mehr als einheimische gewaltlegitimierende Männlichkeitsnormen bejahen, mit denen ein Opferstatus nicht vereinbar ist. Denkbar ist aber auch die Variante, dass türkische Jugendliche, weil sie eher in Gruppen auftreten, seltener angegriffen werden oder weil sie eine Opfererfahrung als Resultat eines interaktiven Prozesses bewerten. Jugendliche aus Ostdeutschland wurden in den letzten zwölf Monaten am häufigsten Opfer einer Gewalttat, wohingegen die niedrigste Opferrate bei Jugendlichen aus Süddeutschland zu verzeichnen ist, was auf eine selektivere Anzeigepraxis zurückgeführt wird, wodurch schwere Delikte jedoch nicht ausgeschlossen werden können. Darüber hinaus variiert die Anzeigequote entsprechend der Täter-Opfer-Konstellation bzw. der ethnischen Zugehörigkeit: „Es wird seltener Anzeige erstattet, wenn ein deutsches Opfer auf einen deutschen Täter trifft [...] bzw. wenn ein Migrant Opfer eines Übergriffs eines deutschen Täters wird [...]" (vgl. ebd.: 45). In Großstädten ist eine Viktimisierungserfahrung wahrscheinlicher als in Kleinstädten und Landkreisen. Über die vermutete Herkunft der Täter berichteten die Opfer: 45,7 Prozent der Angreifer waren deutsche Täter, 19,9 Prozent türkische und 7,8 Prozent russische Täter, wobei Jugendlichen mit türkischer Herkunft fast viermal so häufig eine Täterschaft unterstellt wurde. Typisch für

49 Mädchen sind hingegen von sexueller Gewalt und sexueller Belästigung mehr betroffen.

das Jugendalter ist, dass die Mehrzahl der Befragten mit Freunden und Bezugspersonen über die Gewalterfahrungen sprachen, im Gegensatz zu den Mobbingopfern, die häufig isoliert sind.

Bei der Elterngewalt wurden die Referenzzeiträume der Kindheit (vor dem zwölften Lebensjahr) und der Jugend (in den letzten zwölf Monaten) erhoben. Die elterlichen Gewaltausübungen, die getrenntgeschlechtlich erhoben wurden, zeigen ein ausgeglichenes Bild, d. h. sowohl von Müttern als auch von Vätern wird Gewalt in nahezu gleichen Teilen ausgeübt. Bei den Misshandlungsraten ergaben sich allerdings Geschlechtsunterschiede. Die Rate der misshandelten türkischen Jungen beträgt das 1,3-fache im Unterschied zu den misshandelten türkischen Mädchen. Über ähnliche Misshandlungsquoten berichten auch Jungen aus Russland sowie aus den arabischen und nordafrikanischen Ländern. Gewalterlebnisse durch Eltern häufen sich besonders in der Kindheit. Trotz des Rückgangs der Gewalterlebnisse in der Jugendzeit bleibt das Risiko, dass eine in der Kindheit erlebte Gewalterfahrung durch die Eltern eine Opferwerdung in der Jugend erhöht bzw. wahrscheinlich macht.

Jugendliche Täterschaft wurde anhand von Vandalismus, Ladendiebstahl, Graffitisprühen, Verkauf von Raubkopien, Fahrzeugdiebstahl, Einbruch, Drogenhandel, (schwere) Körperverletzung, Raub, Erpressung und sexuelle Gewalt erfasst (vgl. ebd.: 64–91): Ein Drittel der Befragten waren delinquent. Davon waren 16,5 Prozent der Jugendlichen Mehrfachtäter, 4,3 Prozent Mehrfachgewalttäter, und 5,4 Prozent verübten ein schweres Gewaltdelikt. Die am häufigsten begangenen Delikte waren Vandalismus, Ladendiebstähle und Körperverletzungen. Obwohl sich die höchsten Täterraten in Ostdeutschland feststellen lassen, gefolgt vom Norden und Westen, ähneln sich die Jugendlichen in ihrem delinquenten Verhalten regionenübergreifend. Förder- und Hauptschüler wiesen den höchsten Anteil bei Körperverletzung aus. Förderschüler liegen mit 21,3 Prozent um das 2,7-fache höher als Hauptschüler (19,0 Prozent) und um das 2,4-fache über dem Risiko eines Gymnasiasten oder Waldorfschülers.

Grundsätzlich kann festgehalten werden: Eine Opfer- oder Tätererfahrung ist bei Jungen (40,7 Prozent) etwa doppelt so hoch wie bei Mädchen (20,3 Prozent). Jungen weisen einen 1,9-mal höheren Delinquenzanteil auf als Mädchen. Bei den Gewaltdelikten liegt der Anteil der Jungen 3,2-mal so hoch. Geschlechtsunterschiede sind in allen erhobenen Deliktbereichen erkennbar, außer beim Ladendiebstahl, bei dem sie geringer ausfallen. Darüber hinaus neigen nicht-deutsche Jugendliche in einem höheren Maß zu Gewalt als deutsche Jugendliche.

Höhere Täterraten bei männlichen Jugendlichen aus der Türkei und dem ehemaligen Jugoslawien weisen bereits Enzmann/Brettfeld/Wetzels in der repräsentativen Schülerbefragung 1998 nach (vgl. Enzmann/Brettfeld/Wetzels 2003: 264 f.): Aufgrund ihrer Annahme, dass es über die soziale Lage hinausgehende geschlechtsspezifische und für bestimmte Migrantengruppen wirksame Faktoren gibt, entwickelten die Forscher auf der Basis von Männlichkeitsmodellen (s. Kapitel 2.2) und in Anlehnung an das Konzept *Culture of Honor* von Nisbett/Cohen (s. Kapitel 5.2.2), das unterschiedliche Gewaltkriminalitätsraten zwischen den Nord- und Südstaaten der USA untersucht, eine aus acht Items bestehende Skala von gewaltlegitimierenden Männlichkeitsnormen (GLMN) als Indikator für eine Kultur der Ehre:

1. Ein richtiger Mann ist stark und beschützt seine Familie.
2. Ein Mann, der nicht bereit ist, sich gegen Beleidigungen mit Gewalt zu wehren, ist ein Schwächling.
3. Der Vater ist das Oberhaupt der Familie und darf sich notfalls auch mit Gewalt durchsetzen.
4. Wenn eine Frau ihren Mann betrügt, darf der Mann sie schlagen.
5. Ein Mann sollte bereit sein, Frau und Kinder mit Gewalt zu verteidigen.
6. Einem Familienvater müssen Frau und Kinder gehorchen.
7. Ein richtiger Mann ist bereit, sich mit körperlicher Gewalt gegen andere durchzusetzen, die schlecht über seine Familie reden.
8. Männern sollte es erlaubt sein, Schusswaffen zu besitzen, um Familie oder Eigentum zu beschützen.

Die Antwortmöglichkeiten auf der GLMN-Skala reichen von „lehne vollkommen ab" bis „stimme vollkommen zu" (ebd.: 273).

Zur inhaltlichen Prüfung der Skala wurden zwei Fallvignetten mit Reaktionsneigungen der Jugendlichen auf ehrverletzende Erlebnisse erhoben.[50] Zur empirischen Prüfung des theoretischen Modells kam es im Jahr 2000 in der multizentrischen Studie „Männlichkeitsnormen und die Kultur der Ehre" bei Gewalt- und Eigentumsdelinquenz mit Schülern der 9. und 10. Jahrgangsstufen (vgl. ebd.: 271–275). Gestützt auf 11 000 Befragungsdaten zu Opfererfahrungen und selbstberichteter Delinquenz kann zusammengefasst werden: Die Prävalenzdaten männlicher Jugendlicher bei selbstberichteter Delinquenz liegen drei- bis viermal höher als bei Mädchen. Bei den Gewaltdelikten sind Jungen überdurchschnittlich vertreten, und bei den türkischen Jugendlichen finden sich die höchsten Zustimmungsraten zu den GLMN. Zwar weisen männliche Jugendliche bei diesen Normen einen höheren GLMN-Wert auf als weibliche Jugendliche, jedoch findet sich bei beiden Geschlechtern ein ähnliches Muster, was auf eine Beeinflussung bei den Mädchen hinweist. Darüber hinaus wurde auch bei autochthonen Deutschen aus Familien mit niedrigerem sozioökonomischen Status eine stärkere Zustimmung zu den Normen festgestellt.[51] Enzmann, Brettfeld und Wetzels resümieren vorsichtig, dass GLMN „[...] unter besonderen soziostrukturellen Bedingungen von Marginalisierung sowie äußeren und inneren Kulturkonflikten eine besondere Ausprägung" (ebd.: 270) erfahren und warnen vor einer kulturalistischen Interpretation. Ingesamt lässt sich als Ergebnis aus dieser empirischen Studie festhalten, dass

> „[...] in der BRD in bestimmten Milieus in erhöhtem Maße Männlichkeitsvorstellungen und -konzepte existieren, die Gewalt zur Verteidigung von Ehre und als Reaktion auf Selbstwertbedrohungen legitimieren, was wiederum mit einer Wahrscheinlichkeit einhergeht, Gewaltdelikte zu begehen. Jugendliche mit ausgeprägten gewaltlegitimierenden Männlichkeitsvorstellungen finden sich – wenn auch nicht

50 In Rollenspielen konnte ein Junge/ein Mädchen z. B. die Rolle eines Elternteils erleben, wie es sich anfühlt, wenn der Sohn/die Tochter nach Hause kommt und mitteilt, dass er/sie heute von einem Mitschüler durch die Worte „Deine Mutter ist eine Hure!" beleidigt wurde. Nach vorgegebenen Lösungsvarianten konnten die Betroffenen reagieren, z. B. den Vorfall ignorieren, mit dem Lehrer sprechen, den Mitschüler verprügeln (vgl. Enzmann/Brettfeld/Wetzels 2003: 274).

51 Das Ergebnis der KfN-Studie, die eine stärker verbreitete Gewalttätigkeit bei Migrantenjugendlichen nachweist, die den gewaltlegitimierenden Männlichkeitsnormen zustimmen (vgl. Baier et al. 2009: 69–73), relativiert sich m. E. dadurch.

so zahlreich – auch in der Gruppe der einheimischen Deutschen, und auch dort ist in diesen Fällen eine erhöhte Gewaltdelinquenz nachweisbar" (ebd.: 285).

4.2.3 Männerstudie 2009

Im Rahmen der Studie „Männer – die ewigen Gewalttäter" des Genderforschers Peter Döge wurden 1470 Männer und 970 Frauen im Auftrag der Männerarbeit der Evangelischen Kirche in Deutschland befragt mit dem Ziel, individuelle männliche Gewaltausübung und Opferwerdung bei häuslicher Gewalt, die als eine Einheit von Erziehungs- und Beziehungsgewalt verstanden wird,[52] zu analysieren, um Ursachen besser zu verstehen und die Debatte um Männergewalt zu versachlichen (vgl. Döge 2011: 7, 24, 66). Nachdem die Ergebnisse der *Women Violence Studies* in ihrer feministischen Ausrichtung eine verzerrte Darstellung über das diesbezügliche männliche Gewaltphänomen liefern, weil die Studie sich u. a. auf die physische Partnergewalt konzentriert, bezieht sich Döges Studie auf die *Family-Violence*-Forschung, die auf der Basis der *Conflict Tactic Scale (CTS)* physische, psychische und verbale Gewalt untersucht und – im Unterschied zu den *Women Violence Studies* – auf ein gleichverteiltes Verhältnis zwischen Mann und Frau hinweist: „[...] 11,6 Prozent der befragten Frauen und 12,1 Prozent der befragten Männer [...]" (ebd.: 22) geben Gewalt gegen ihren Partner an. Die Studie differenziert in Bezug auf die Zielperson zwischen Partner/in, Mutter, Vater, Sohn, Tochter, Verwandte und Fremde, bezüglich des Ortes zwischen Familie, Arbeitsplatz, öffentlicher Raum, Militär und Verein, und unterscheidet zudem zwischen männlichen und weiblichen *peergroups* sowie nach Häufigkeit der Vorfälle (ebd.: 21–23).

Die Ergebnisse lassen sich wie folgt zusammenfassen: Ein Viertel der befragten Männer haben in den vergangenen fünf Jahren Partnergewalt erlitten, und jeder vierte Mann war von physischer Gewalt durch seine aktuelle oder Ex-Partnerin betroffen, wobei die Anzahl der Männer bei starker physischer, sexualisierter Gewalt und bei Gewalt gegen Fremde dominiert. Diese Gewalt zieht sich über (fast) alle Bildungsschichten – im Gegensatz zur Gewalt gegen die Partnerin, die im akademischen Milieu überdurchschnittlich in den Bereichen verbale Gewalt und Kontrollgewalt ausgeprägt ist. Bei jungen Männer

52 Döge orientiert sich an Galtungs Gewaltbegriff. Unter Aggression versteht er eine Durchsetzungshandlung, die mit oder ohne Gewalt erfolgen kann (vgl. Döge 2011: 28).

bis 25 Jahren ist eine erhöhte Gewaltbereitschaft gegeben sowie eine Orientierung an hegemonialer Männlichkeit und an physischer Gewalt (vgl. ebd.: 129). Bei Männern zwischen 35 bis 65 Jahren dominiert die Kontrollgewalt. Partnergewalt hat bei 26- bis 35-jährigen Männern und ab dem 65. Lebensjahr eine besondere Bedeutung. Frauen dominieren bei verbalen Gewaltformen sowie bei der Kontrollgewalt, vor allem gegen Söhne und Töchter (vgl. ebd.: 24–36, 45, 75).

Hinsichtlich der Opferwerdung zeigt die Studie, dass Männer nicht nur binnengeschlechtlich Gewalt erleiden, sondern auch Opfer weiblicher Gewalt sind. Junge Männer und Frauen sind bis zum 25. Lebensjahr überproportional als Opfer gefährdet. Söhne wie Töchter erleiden häufiger durch die Mutter Gewalt.[53] Männer erleiden häufiger starke physische Gewalt. Frauen sind hingegen häufiger Opfer bei starker psychischer Gewalt, wobei Männer von allen Viktimisierungsgewaltformen betroffen sind. Die Familie ist zwar der zentrale Tat- und Viktimisierungsort, Männer erfahren jedoch mehr Gewalt in Gruppen und beim Militär.

Die Lebenszufriedenheit bei Männern und Frauen hängt stark mit der Zufriedenheit innerhalb des häuslichen Lebens zusammen. Gewaltaktive weisen eine niedrigere Lebenszufriedenheit auf, und unzufriedene Männer tendieren eher zu physischer Gewalt als zufriedene Männer, die wiederum stärker zu Kontrollgewalt und zu verbaler Gewalt neigen. Darüber hinaus scheinen zufriedene Männer ihr Gewalthandeln stärker in den Fernraum zu richten als unzufriedene, die sich auf den sozialen Nahraum konzentrieren. Obwohl moderne Männer unterdurchschnittlich physisch gewaltaktiv sind, ist eine Konzentration auf Kontrollgewalt und verbale Gewalt ersichtlich – im Gegensatz zu traditionellen Männern, die zu einem höheren Anteil physisch gewaltaktiv werden und durch die eigene Partnerin opfergefährdet sind. Moderne Männer sind darüber hinaus durch Attacken von Fremden gefährdet, und der Alkoholkonsum steigt bei Frauen wie Männern, die Gewalt sowohl anwenden als auch erleiden. Überdies neigen Täter eher zu homosexualitätsfeindlichen Einstellungen als Nicht-Täter, wobei dieser Wert schwach ausgeprägt ist (vgl. ebd.: 108, 115, 120, 139, 143).

Die Ergebnisse der Studie – die auch auf den positiven Umstand hinweisen, dass die Mehrzahl der Männer und Frauen Gewalt weder erfahren noch ausüben – verdeutlichen, dass geschlechtsstereotype Vereinfachungen à la „Männer sind Täter und Frauen sind Opfer" nicht

53 Bei der Elterngewalt kommt die KfN-Studie auf ein ausgewogenes Verhältnis (s. Kapitel 4.2.2).

haltbar sind (vgl. ebd.: 37–40, 81). Döge kritisiert Connells Konzept, weil kein Zusammenhang zwischen ausgeprägten autoritären, männlichen Haltungen und dem Gewalthandeln nachgewiesen werden konnte (vgl. ebd.: 92). Demzufolge lässt sich nach Döge Beziehungsgewalt nicht nur auf patriarchale Macht- und Dominanzstrukturen reduzieren. Sie wird vielmehr von beiden Geschlechtern bestimmt und ist im Bereich der Paarbeziehung auf situative Konfliktgewalt zurückzuführen (vgl. ebd.: 155).

4.2.4 Innerfamiliäre Gewalt- und Missbrauchserfahrungen

Innerfamiliäre Gewalt- und Missbrauchserfahrungen steigern das Risiko, später selbst Gewalt anzuwenden. Elterngewalt wirkt sich auf eine gesunde sozioemotionale Entwicklung von Jugendlichen mehrfach negativ aus und verursacht Beeinträchtigungen bestimmter Hirnregionen - wie vermutet wird (vgl. Baier et al. 2009: 80). Die Thematisierung des frühkindlichen sexuellen Missbrauchs dauerte bei Jungen z. B. länger und wurde konsequenter verschwiegen – im Gegensatz zum Missbrauch bei den Mädchen. Die Gründe führen Bründel/Hurrelmann auf das traditionelle, alte Männerbild zurück. Die Dunkelziffer ist hoch, und mittlerweile wird geschätzt, dass „[…] etwa jeder achte bis zwölfte Junge sexuell mißbraucht wird […]" (Bründel/Hurrelmann 1999: 96). In der überwiegenden Anzahl der Missbrauchsfälle, die sich im 10. bis 11. Lebensjahr der Jungen ereignen, handelt es sich um Vergewaltigungen und Genitalmanipulationen. Die Täter sind meist im nahen sozialen Umfeld zu finden und stehen mit den Opfern in Beziehung. Für Jungen ist Missbrauch identitätsschädigend, weil sie anschließend zumeist befürchten, später als homosexuell stigmatisiert zu werden, worauf sie sich zurückziehen und vereinsamen können. Darüber hinaus erleben sie starke Gefühle des Ekels, der Scham und der Erniedrigung. Da überdies die männliche Opferseite nicht zu dem traditionellen, heterosexuellen Männerbild und der hegemonialen Männlichkeit passt, ist es für Jungen besonders schwer, ihre Opfererfahrungen aufzuarbeiten.[54]

Die Frage nach der zukünftigen Täterschaft als Folge frühkindlicher Gewalt- bzw. Missbrauchserfahrungen wird heterogen diskutiert. „Gesichert ist die Tatsache, daß ein hoher Anteil sexuell miß-

54 Sexueller Missbrauch durch eine Frau wird im Gegensatz dazu von den Jungen häufig als eine Einführung in die Liebe betrachtet, auch deshalb, weil Frauen eher die Künste der Verführung und weniger Gewalt anwenden (vgl. Bründel/Hurrelmann 1999: 95 ff.).

brauchter Jungen unter jugendlichen Straffälligen, unter männlichen Psychiatriepatienten, Strichjungen, Drogenabhängigen […] zu finden ist und daß erwachsene Täter oft schon in ihrer Jugend durch sexuellen Missbrauch an Gleichaltrigen oder Kindern aufgefallen sind" (ebd.: 99). Dabei ist die Entwicklung vom Opfer zum Täter nicht zwingend und hängt maßgeblich von der Unterstützung ab, die Jungen in der Erziehung bekommen (vgl. ebd.: 95–99). Die Männerstudie verweist hier darauf, dass Männer, die ihre Kindheit negativ einschätzen, zwar stärker zu sexualisierter Gewalt neigen, jedoch nicht grundsätzlich stärker zu physischer Gewalt. Sie scheinen eher zu Gewalthandlungen gegen den Vater zu tendieren (vgl. Döge 2011: 101). Zum anderen verdeutlicht die KfN-Studie, dass die höchsten Gewalttäterraten bei Jugendlichen liegen, die in ihrer Kindheit und Jugend schwere Gewalt oder häufiger leichte Gewalt (mehrmals pro Monat) erlebt haben und eine stärkere Zustimmung zu gewaltlegitimierenden Männlichkeitsnormen aufweisen (vgl. Baier et al. 2009: 80 f.). Die KfN-Studie (s. Kapitel 4.2.2) widmete sich allerdings einer ausgewählten Anzahl von Delikten und untersuchte nicht explizit sexuellen Missbrauch an Jungen.

4.2.5 Konsequenzen männlicher Sozialisation

„Die Entgrenzung der Männlichkeit hat dazu geführt, dass die *Lebenslage* Mann ‚bewältigungsproblematisch' geworden ist" (Böhnisch 2003: 87), was Brandes bestätigt, der sich mit der männlichen Identität, den männlichen Ängsten und Verhaltensweisen in psychotherapeutischen Männergruppen auseinandersetzt.[55] Er stellt fest: Männer sind verschlossene Wesen, die sich gefühlsmäßig isolieren und subjektiv leiden. Diese Haltungen werden weder bewusst noch absichtsvoll eingenommen, sondern es handelt sich um „[…] eine zweite Haut, die nicht einfach willentlich abgestreift werden kann" (Brandes 2001: 18). Es sind Haltungen, die sie einerseits in emotionale Abhängigkeiten zu Frauen bringen und womit sie andererseits ihre Gesundheit riskieren: physisch wie psychisch, mit dem Resultat, dass ihre Lebenserwartung in den Industrienationen um sechs bis sieben Jahre niedriger liegt als bei Frauen (vgl. ebd.: 19). Brandes resümiert: „[…] männliches Leiden ist als Gegenstand wissenschaftlichen Forschens bislang weitgehend

55 Brandes bezeichnet diesen Gruppenprozess „[…] als lebendiges Beispiel für den Prozess der sozialen Konstruktion von Männlichkeit" (Brandes 2001: 14).

ausgespart geblieben – fast so, als gäbe es solches Leiden überhaupt nicht" (ebd.: 20).[56]

Aus der tiefendynamischen Sicht unterscheiden sich die männliche und weibliche Welt maßgeblich voneinander: Frauen können sich aus einer Kommunikation gezielt heraushalten oder diese emotionalisieren. Männer werden dadurch verunsichert, weil die Frau ihnen Bewunderung entzieht, die sie für ihre Selbstachtung benötigen: ein Anerkennungs- und Unterwerfungsspiel das – sollten Frauen nicht mehr mitspielen – zu Projektionen auf die vermeintlich Schwächeren wie z. B. auf Ausländer oder sozial Schwache führen kann (vgl. Böhnisch 2003: 34 f.).[57] Darüber hinaus ist das subjektive Gefühl, ein richtiger Mann zu sein, auch davon abhängig, „[...] inwieweit der persönliche Stil eines Individuums sich in das Spektrum gesellschaftlich tolerierter Auslegungen des sozialen Habitus einfügt oder aus diesem partiell oder gar vollständig [...] herausfällt" (Brandes 2001: 44). Der individuelle Habitus der männlichen Variante nimmt beim Herausfallen dabei meist Züge „[...] einer zwanghaften oder karikiert wirkenden Überkompensation des Männlichen an [...]" (ebd.: 44) bei gleichzeitiger Bedrohung der Geschlechtsidentität. Mit anderen Worten: „Solange die familiäre Interpretation des Geschlechterverhältnisses innerhalb der Spielräume verbleibt, die gesellschaftlich toleriert werden bzw. als ‚normal' gelten, entstehen für das einzelne Individuum in seinen Beziehungen zu [...] anderen kaum wesentliche Probleme" (ebd.: 45). Bleibt jedoch für die Ausbildung eines sozialverträglichen Habitus wenig Spielraum, und der heranwachsende Junge wird in „[...] besonders rigider Form auf eine Variante von Männlichkeit festgelegt" (ebd.: 45), dann wird er „[...] schwer im gesellschaftlich tolerierten Spektrum der Formen des ‚Mann-Seins' seinen Platz [...]" (ebd.: 45, s. Kapitel 2.2.3) finden.

Vor diesem Hintergrund verdeutlicht Brandes m. E. die Vulnerabilität der männlichen Geschlechtsidentität und die Bedeutung dieses Themenkomlexes für Bildungs- und Präventionsprogramme bzw. für etwaige Behandlungen. Da die Geschlechtsidentität und die

56 Brandes widerspricht hier der feministisch orientierten Wissenschaft, insbesondere Hagemann-White, die angibt, „[...], dass wir über Männer ‚recht viel' wissen [...]" (Brandes 2001: 21). Wobei auch Hagemann-White äußert, dass die empirische Forschung bis dato keine eindeutigen Beweise für klar ausgeprägte Unterschiede zwischen den Geschlechtern liefert (vgl. Hagemann-White 1984: 42).

57 Laut der Männerstudie 2009 dominieren Männer u. a. bei Gewalt gegen Fremde (s. Kapitel 4.2.3).

geschlechtsspezifische Zuordnung von Eigenschaften, Neigungen und Talenten fundamental und als Habitus im Körper verankert sind, wirken jegliche Verunsicherungen in der Geschlechtsidentität aufgrund von biografischen Erfahrungen, die den Rahmen des „Normalen" sprengen, auf die unterschiedlichsten Lebensbereiche eines Individuums ein: Die Mütter waren oft die einzigen Bezugspersonen, die den Männern Emotionalität vorlebten und Empathiefähigkeit vermittelten. Im Lauf der Sozialisation und im Zug des Erwerbs einer traditionellen hegemonialen Männlichkeit kommen ihnen diese Fähigkeiten wieder abhanden. Statt Emotionalität und Vulnerabilität dominieren Rationalität und Aktivität, und durch die Verinnerlichung der geforderten Norm von Härte dominieren Unabhängigkeit und Durchsetzungsvermögen. Da diesem Bild nur wenige Männer entsprechen (s. Kapitel 2.1), wird ihnen der Zugang nach innen und zur wahren Autonomie versperrt und damit die Möglichkeit, mit ihren Gefühlen und Bedürfnissen in Einklang zu kommen. Gefühle von Ohnmacht und Unzulänglichkeit dominieren, wodurch die Männer selbst einen Teil ihres Menschseins abspalten und entwerten (vgl. Gruen 1986: 81–89). Brandes Ansätze lassen die Tiefendynamik des Mannseins erahnen: dunkle Abgründe der Hilflosigkeit, Unsicherheit und impulsive Stärkegefühle, in denen sich Männlichkeit gesellschaftlich freisetzen kann und wodurch männliche Bewältigungsmechanismen, die in den grauen Bereichen alltäglicher Interaktions- und Rollenkonstellation normalerweise unsichtbar bleiben, für andere sichtbar werden, u. a. bei persönlichen Krisen und wenn soziale Ressourcen abhanden kommen wie z. B. bei Scheidung oder Arbeitslosigkeit (vgl. Böhnisch 2003: 21–23) und wie es in der Metz-Göckel/Müller-Studie zum Ausdruck kommt (s. Kapitel 1.3).

Zusammenfassend lässt sich festhalten: Männer sind einer gefühlsarmen Sozialisation ausgesetzt und stehen unter einem großen normierenden Einfluss durch Sozialisationsinstanzen, die sie in ihrer Persönlichkeitsentwicklung einschränken, vor allem in ihrer Emotionalität, Opferrolle und Bedürftigkeit. Einigkeit in der aktuellen männlichen Sozialisationsdiskussion herrscht darüber, dass „[...] Männer dahingehend erzogen werden, ihre Gefühle nicht zeigen zu dürfen" (Pech 2002: 30, vgl. Hagemann-White 1984: 52, vgl. Connell 1999: 187 f.), dass „[...] die Väter ihre Gefangenheit in den Geschlechterstereotypen an die Söhne weiter vermitteln" (Pech 2002: 30) und dass in *peergroups* hegemoniale Männlichkeit reproduziert wird (Connell 1999: 187–194, s. Kapitel 5.1.2), die sich in Männerbündnissen und -kulturen (s. Kapitel 5) verfestigt.

4.3 Theorien abweichenden Verhaltens

Theorien abweichenden Verhaltens werden von dem Soziologen Siegfried Lamnek in zwei Bänden vorgestellt, die er in klassische (2007) und moderne (2008) Ansätze unterteilt. Laut dem Wörterbuch der Sozialpolitik ist abweichendes Verhalten (Devianz) ein Verhalten, das die Verletzung sozialer Normen sowie Sanktionen impliziert. Dieses Verhalten lässt sich nicht durch bestimmte charakteristische, intrinsische Merkmale definieren, die ihm intrinsisch wären, sondern nur unter Bezugnahme auf die soziale Reaktion, die damit verbunden ist. Nach dieser Definition ist Devianz ein soziales Konstrukt. Die Frage, ob nun die Heterogenität von Devianz mit einer Theorie zu erklären ist, wird von Kriminalsoziologen verneint: Es gibt keine Erklärungen, „[...] die geeignet sind, eine umfassende Theorie abweichenden Verhaltens [...]" zu begründen. „Devianz gilt in diesen Erklärungsversuchen als ein Verhalten, das gegen Normen verstößt und deswegen mit Sanktionen bedroht ist" (Peters 2009: 80). Entsprechend argumentiert Lamnek: „Aus pragmatischen (und nur begrenzt aus systematischen) Gründen gehen wir davon aus, dass abweichendes Handeln dann vorliegt, wenn gegen eine Norm als Verhaltensanforderung verstoßen wird und dieser Verstoß geahndet werden sollte" (Lamnek 2007: 58).

Kriminalsoziologen kritisieren die überwiegend psychologisch-psychiatrischen Ansätze im Bereich von Persönlichkeitsstörungen und Devianz, obwohl Peters in einer früheren Publikation darauf hinweist, dass die Ursachen devianten Verhaltens auch in der Persönlichkeitsstruktur der Delinquenten zu suchen sind (vgl. Peters 1972: 126 ff.). Kritisiert wird vor allem die populäre Vorstellung unter Sozialarbeitern und Psychologen, dass emotionale Probleme maßgebliche Gründe für abweichendes bzw. kriminelles Verhalten sind. Ergänzend sei hier erwähnt: Wer sich abweichend verhält, muss nicht in seiner gesamten Persönlichkeit ein Norm(en)brecher sein.

Angesichts einer Vielfalt von Erklärungen für Ursachen von Devianz, Delinquenz und Viktimisierung, angesichts eines heterogenen Delikt- und Viktimisierungsspektrums mit hohen Dunkelziffern beim männlichen Gewalthandeln und bei der Opferwerdung hängt m. E. die weitere Entwicklung männlicher Täterschaft und Opferwerdung von Kriminalitätstheorien, geschlechtsspezifischen Erklärungsansätzen und von der Männerforschung ab. Situative und kontextbezogene Aspekte gilt es dabei meiner Ansicht nach ebenso zu berücksichtigen wie soziale, klassen-, rassen- und geschlechtsspezifische Aspekte sowie persönlichkeitsbedingte und individuelle Faktoren (vgl. Kersten

1997b: 17 f.), kurzum: alle Erkenntnisquellen, die den Komplex des „männlich-menschlichen" und gesellschaftlichen Lebens umfassen.

4.3.1 Historischer Überblick

Die Schrift *dei delitti e delle pene* von Cesare Beccaria (1738–1794) sorgte international für Aufsehen. Beccaria kritisierte das absolutistische Strafrecht sowie die Strafverfahren von Inquisitionsprozessen. In Zusammenhang mit der Todesstrafe, die Beccaria zwar nicht grundsätzlich abgelehnt hat, forderte er Strafverfahren nach rechtsstaatlichen Grundsätzen ein. Eine lebenslange Freiheitsstrafe in Verbindung mit Zwangsarbeit war für ihn eine effektivere Abschreckungsmethode. Beccaria ist der Begründer der klassischen Schule, die als Vorläufer kriminologischer Theorien gilt, wodurch kriminalpolitische Entwicklungen initiiert wurden, die bis heute anhalten (vgl. Bott 2007: 111 f.). Auf Cesare Lombroso (1835–1909), den Vertreter des biologischen Determinismus, geht die Vorstellung von der angeborenen Kriminalität zurück. Lombrosios Körpervermessungen führten zum Glauben an äußere, sichtbare Merkmale bei typischen Verbrechermenschen, die ausschließlich dem männlichen Geschlecht zugeordnet waren (vgl. Kersten 1997b: 24). Der lombrosianische Mythos hält sich bis heute im Alltagsverständnis der Bevölkerung, der Medien und der Kriminalpolitik.

Die Vorstellungen von Kriminalität – damit sind Begriffe wie Verbrechen, Straftat, Delinquenz, Devianz und Dissozialität verbunden (vgl. Bott 2007: 106) – haben sich im Lauf der Jahrhunderte verändert. Die zeitliche Abfolge der kriminologischen Theorienentwicklung lässt sich wie folgt zusammenfassen (vgl. ebd.: 110–117): In der zweiten Hälfte des 19. Jahrhunderts entstand die biologische Schule mit den zentralen Aussagen, dass Kriminalität angeboren und äußerlich erkennbar ist, demzufolge bestraft werden muss (s. o.). Der psychologische Ansatz, der sich Anfang des 20. Jahrhunderts entwickelt hat und der maßgeblich auf das psychoanalytische Persönlichkeitsmodell von Sigmund Freud (1856–1939) zurückgeht (s. Kapitel 1.1), sieht Verbrechen als Folge einer psychopathologischen Ichstörung, aus der Fehlentwicklungen resultieren. Infolgedessen müssen Verbrecher behandelt werden. Der sich zeitgleich entwickelnde soziologische Ansatz betrachtet Verbrechen als Verletzungen normativer Verhaltenserwartungen, d. h. Verbrecher sind Opfer sozialer Bedingungen und müssen resozialisiert werden. Maßgeblich geht dieser Ansatz auf Émile Durkheim (1858–1917) zurück, der die Verletzung bestimmter Zustände des Kollektivbewusstseins als Ursachen für kriminelle Handlungen sieht. Die kritische Kriminologie, die sich seit Mitte des 20. Jahrhunderts entwickelt hat, betrachtet Verbrechen als Ergebnis eines Definitionsprozesses. Verbrecher sind Opfer von Macht- und Herrschaftsverhältnissen – und Verbrechen sind eine Konstruktion (s. Kapitel 1.1). Der Umgang mit Verbrechern und Verbrechen erfordert demzufolge eine Nicht-Intervention. Dieser Ansatz, der nicht ätiologisch orientiert ist, basiert auf dem *Labeling Approach* (s. Kapitel 4.3.2).

Im Folgenden werden in den Diskurs relevante kriminologische Theorien und Ansätze eingebracht und diskutiert.

4.3.2 Kriminologische Theorien und Ansätze

Die allgemeine Kriminalitätstheorie von John Braithwaite, dargelegt in seinem Werk *„Crime, shame and reintegration"*, wird als eine der wichtigsten neueren Arbeiten betrachtet. Braithwaite greift die Korrelate Alter und Geschlecht auf. Er führt aus, dass die männliche Überrepräsentation im Hellfeld der schweren Kriminalität, also bei Tötungs- und Körperverletzungsdelikten, in allen Ländern (s. Kapitel 4.2.1) überproportional hervortritt. Er kritisiert, dass Alter und Geschlecht bei Kriminalitätstheorien bislang zu kurz gekommen ist (vgl. Braithwaite 1989: 44–50). Mit dem Konzept des *reintegrative shaming* (vgl. ebd.: 61–83)[58] – einer Form der vertrauensbildenden, inneren (Verhaltens-)Kontrolle – legt Braithwaite für Straßen- und Wirtschaftskriminalität eine allgemeine Kriminalitätstheorie[59] vor. Dabei verbindet er soziologische Theorieansätze: die Subkultur- und Anomietheorie, den Labeling Approach und die Theorie der differentiellen Kontakte (vgl. ebd.: 21–38). Bei Delinquenz unterscheidet Braithwaite zwei Arten des Beschämungsverfahrens: Die inkludierende, reintegrierende Beschämung und die stigmatisierende, ausgrenzende Beschämung. Braithwaite bezieht sich auf die niedrigen Kriminalitätsraten in Japan, die beweisen würden, dass das *reintegrative shaming* funktioniert – im Gegensatz zu den westlichen Industrienationen, die durch Ausgren-

58 Dabei geht es um die Beschämung des Täters bei gleichzeitiger sozialer Wiedereingliederung: „The shaming engendered is more likely to become reintegrative in societies that are communitarian" (Braithwaite 1989: 102).

59 Sie bezieht sich auf das Verständnis von Scham und Gewissen in der japanischen Primärsozialisation, infolgedessen müsste die Übertragbarkeit auf westliche Kulturen mit abendländisch-christlicher Prägung untersucht werden.

zung und Stigmatisierung Jungen und junge Männer in Subkulturen treiben, wodurch deviante Verhaltensweisen, höhere Delinquenzraten und „criminal role models, training in techniques of crime and techniques of neutralizing crime [...]" (ebd.: 102) zustande kommen.[60] Im Übrigen würde Japans Kontrollsystem bei Wirtschafts- und Umweltverbrechen durch die Bausteine des Beschämungsverfahrens zusätzlich für *compliance* untereinander sorgen. Kersten kritisiert, dass Braithwaite die Schattenseiten des japanischen Systems nicht erwähnt, das von einer Unterweltkultur geprägt ist, die tief in Japans Politik, Wirtschaft und Alltag hineingreift. In Anbetracht der Anliegen von Böhnisch und Connell, die – zwar aus verschiedenen Perspektiven – nach einer Erneuerung der Tiefenstruktur von Männlichkeit streben, um zu neuen Horizonten in modernen Geschlechterbeziehungen zu gelangen, eignet sich das *reintegrative shaming* als Theoriemodell von Braithwaite m. E. auch im Kontext von Präventionsprogrammen für Jungen und Männer und männlicher Veränderung.

Die klassische Anomietheorie geht auf den amerikanischen Soziologen Robert K. Merton (1910–2003) zurück, der sich auf den von Émile Durkheim geprägten Anomiebegriff bezieht. Demzufolge (vgl. Merton 1979: 291–313) besteht die Gefahr von Anomie sowohl in gesellschaftlich-ökonomischen Krisensituationen als auch in Zeiten unerwarteter Prosperität. Männer versuchen diesen Zustand der sozialen Desorientierung im Rückgriff auf die traditionelle und konventionelle Männlichkeit zu bewältigen, die ihnen Sicherheit gibt. Merton untersucht im Rahmen gesamtgesellschaftlicher Zusammenhänge Anomie als den Haupttypus für die Entstehung von sozialem Druck. Sein Werk „Sozialstruktur und Anomie" wurde erstmals 1938 veröffentlicht, inzwischen mehrmals überarbeitet und erweitert. Nach Merton entsteht Anomie durch die ungleiche Verteilung von materiellen und immateriellen Ressourcen (Geld, Ansehen, Bildung), also durch Chancenungleichkeit in Bezug auf die Erreichung kultureller Ziele und Werte (Konsum, Karriere, Statussymbole). Hohe Kriminalitätsraten sind dann wahrscheinlich, wenn sich Armut mit mangelnden Erfolgschancen und dem Nicht-Erreichen kultureller

60 Die weibliche Lebenswelt sei darüber hinaus durch reintegrierende Beschämung geprägt, wodurch zwangsläufig Konformität entstehen würde. Der Frage, ob sich in Kulturen mit weiblicher Präsenz in Machtpositionen eine niedrigere Kriminalitätsrate findet, geht Braithwaite jedoch nicht dezidiert nach.

Ziele verbindet.[61] Nach Merton gibt es fünf verschiedenen Arten individueller Anpassung:

1. Konformität, die in stabilen Gesellschaften verbreitet ist und sich auf eine gemeinsame Wertebasis der interagierenden Individuen bezieht.
2. Innovation, die durch den Rückgriff auf „mystische Kräfte" wie Schicksal, Zufall, Glück erfolgt. Angesichts dieser Haltung können alle Individuen in einer Gesellschaft ihre Erfolgsziele aufrechterhalten bzw. an sie glauben, weil alle die gleichen Chancen haben, z. B. durch Lotteriespiele zum Millionär zu werden.
3. Ritualismus, bei der dominierende, kulturelle Ziele nach unten korrigiert bzw. aufgegeben werden. Dieser Anpassungstyp ist nach Merton in Gesellschaften zu finden, in welchen der soziale Status von der individuellen Leistung abhängt.
4. Rückzug, der vor allen Dingen Außenseiter betrifft, weil sie das gemeinsame Wertesystem nicht teilen. In diese Kategorie fallen u. a. Drogen- und Alkoholsüchtige sowie Psycho- und Soziopathen.
5. Rebellion durch Individuen, die eine neue und geänderte Sozialstruktur anstreben und sich von herrschenden Zielen und Normen der gegenwärtigen Sozialstruktur aufgrund zunehmender Frustrationen entfremden.

Merton befürwortet Veränderungen in der Sozialstruktur für gesellschaftliche Gruppen, die von dem sozialen Druck am schwersten betroffen sind. Bei der Anomietheorie tritt der Aspekt der Marginalisierung (s. Kapitel 2.2.3) als Folge einer Degradierung mit gleichzeitigem Macht- und Imageverlust der Betroffenen hervor, wodurch ein anomischer Zustand erzeugt werden kann und sich subkulturelle Zusammenschlüsse erklären lassen (vgl. Braithwaite 1989: 34).

Cohen geht auf die Bedeutung der gesellschaftlichen Verhältnisse, insbesondere auf die Situation von Unterschichtsjugendlichen ein. Braithwaite befürwortet diese Vorgehensweise: „The most influential

61 Aktuell macht ein neuer Dokumentarfilm des amerikanischen Regisseurs Michael Moore „Kapitalismus: Eine Liebesgeschichte" auf die fortschreitende soziale Ungleichheit aufmerksam.

subcultural theories have focused on lower class cultures as generating milieu of male delinquency […]" (Braithwaite 1989: 21). In seiner soziologischen Analyse der Bandendelinquenz interpretiert Cohen auf der Grundlage des dominierenden Wertesystems der amerikanischen Mittelschicht „die Bandenkultur als Reaktion auf Versagens- und Frustrationssituationen, denen sich der Unterschichtsjugendliche besonders in Form von Statusproblemen ausgesetzt sieht" (Pfeiffer/Scheerer 1979: 37): Jugendliche aus unteren Schichten tendieren dazu, ihre Anpassungsprobleme an geltende Normen und Gesetze mit der Schaffung einer Gegen- bzw. Subkultur zu lösen, um in ihr Erfolg zu haben und Anerkennung zu finden. In diesem Lernmilieu werden einerseits deviante und delinquente Verhaltensweisen einstudiert. Andererseits werden dadurch Jugendliche daran gehindert, die von ihnen positiv bewerteten Ziele, wie z. B. einen Ausbildungsplatz, zu erreichen – eine Sichtweise, die m. E. mit Mertons Ansatz korreliert. Cohen befürwortet demzufolge Gemeinschaftsprojekte und die Reduktion von Jugendgefängnissen. Er rät z. B. zu Abenteuerspielplätzen, die gefährdete Jugendliche in das nachbarschaftliche Gemeinschaftsleben einbinden, wo sie soziale Integration erfahren und Frustrationserlebnisse reduzieren können (vgl. Cohen 1985: 262–265). Zu diesem Aspekt können m. E. Verknüpfungen zu Braithwaite's *reintegrative shaming* hergestellt werden.

Der Stressforscher Agnew forscht intensiv auf dem Feld individueller Versagens- und Frustrationssituationen. Im Gegensatz zur Anomietheorie betrachtet er in seiner *General-Strain-Theory* mikrosoziale Prozesse mit Blick auf Jugendliche und Heranwachsende, jedoch ohne geschlechtsspezifische Differenzierung. Agnew erklärt den Zusammenhang von negativen zwischenmenschlichen Beziehungserlebnissen, wie sie in schmerzvollen Notsituationen aufgrund starker Emotionen wie Ärger und Wut sowie der Unfähigkeit, auf diese Erlebnisse adäquat zu reagieren, entstehen können, wodurch ein individueller Druck entsteht und Jugendliche gefährdet sind, delinquent zu werden. Er beschreibt drei Typen von sozialem Druck:

1. Hinderung an der Erreichung eines positiv bewerteten Ziels.
2. Entzug von positiv bewerten Anreizen (z. B. durch Vaterentzug, Scheidung, s. Kapitel 3.1)
3. Konfrontation mit negativ bewerteten Anreizen, z. B. bei Opfererfahrungen (s. Kapitel 4.2.3)

Da sich Jugendliche weniger an den Makrozielen einer Gesellschaft orientieren, sondern sich auf unmittelbare Ziele konzentrieren (wie beispielsweise auf einen Schulabschluss), entstehen individuelle Distresserlebnisse in den Beziehungen mit wichtigen Erziehungspartnern und aufgrund mangelnder Anerkennung sowie ungerechter bzw. ungleicher Behandlung. Die allgemeine Drucktheorie erklärt, dass besonders Jugendliche dem Druck von Familie oder der *peergroup* hilflos ausgesetzt sind, weil sie in Verbindung mit Distress über keine konstruktiven Problemlösungsstrategien verfügen und die zunehmende Belastung sie aufgrund eines sich chronisch wiederholenden Drucks in die Delinquenz führt (vgl. Agnew 1992: 50–55). Die *General-Strain-Theory* erklärt, in welchem Umfang der soziale Druck Jugendliche in die Delinquenz führen kann, wenn sie sich in negativen und bindungsarmen Beziehungen befinden und daran gehindert werden, von ihnen positiv bewertete Ziele zu erreichen. Diese Theorie lässt sich nach meinem Empfinden im Rahmen der Ursachenforschung bezüglich männlicher Täterschaft und Opferwerdung vielseitig verbinden, z. B mit Sozialisations- und Lerntheorien, dem hegemonialen Männlichkeitskonzept bzw. dem *doing masculinity* [62] und ist auch für Präventionsansätze nutzbar.

Eine grundlegende Theorie ist die *Control Theory* von Travis Hirschi. Er konzentriert sich auf interpersonale Konfliktsituationen in Beziehungsgeflechten, in denen Jugendliche mangels adäquater Problemlösungsstrategien und im Wechselspiel zwischen Mikro- und Makroebenen zahlreiche Grenzerfahrungen machen. Jugendliche werden nach Hirschi delinquent, wenn ihr Eingebundensein in eine soziale Ordnung gestört ist und sie nur noch durch Abweichung ihre Ziele erreichen können. Seine Theorie, welche die Betroffenen an konventionelle, gesellschaftliche Aktivitäten binden soll und dafür sorgt, dass sie sich wieder konform verhalten, umfasst vier Ebenen (vgl. Hirschi 1969: 18–20):

---

62 Die General-Strain-Theory ist m. E. auch für Männer relevant, die häufig über keine adäquaten Konfliktlösungsstrategien verfügen, was möglicherweise zu Devianz und Delinquenz führen kann, vor allen Dingen dann, wenn Männer z. B. durch den Leistungszwang in Genderstress (s. Kapitel 3.2) geraten und sie versuchen sollten, ihre Autoritätsansprüche – ein Merkmal hegemonialer Männlichkeit – mit Gewalt durchzusetzen (s. Kapitel 2.2.3). Darüber hinaus werden Jungen in der Sozialisation daran gehindert, emotionale Kompetenzen zu erwerben (s. Kapitel 3), die ihnen im Erwachsenenleben fehlen.

1. *Attachment* an Bezugspersonen mit der Verpflichtung, sich konform zu verhalten.
2. *Commitment* für lebenslanges konformes Handeln, das die Anpassung an geltende Normen und die Verfolgung konventioneller Ziele einschließt.
3. *Involvement* in konventionelle Aktivitäten.
4. *Belief* in soziale Normen und Wertesysteme.

Diese Ebenen können zahlreich miteinander kombiniert werden, und je höher der Einbindungsgrad an konventionelle Aktivitäten ist, desto fester sind die Übereinstimmung und der Glaube an gesellschaftliche Werte und Normen.

Hirschis Theorienmodell vermag zwar geringfügige Abweichungen zu erklären, aber aufgrund der fehlenden Geschlechterdifferenzierung kann die offensichtlich ausgeprägtere weibliche Orientierung in Bezug auf konventionelle Aktivitäten nicht nachgewiesen werden (vgl. Kersten 1997b: 21–23), demzufolge sind kaum Ansätze für etwaige Bindungs- bzw. Präventionsstrategien für Jungen und Männer entwickelbar, die sie im *belief* an soziale Normen und Wertesysteme zu einem konformen Handeln veranlassen könnten. Zudem haben es m. E. Jungen und junge Männer in sozialen Außenseiterpositionen mit Sozialisationsdefiziten schwer, sich nachhaltig in konventionelle Aktivitäten einzubinden und an gesellschaftliche Normen und Werte anzupassen. Außerdem setzt das Bindungskonzept wie auch das *reintegrative shaming* von Braithwaite m. E. den „freien Willen" voraus und bedarf der Berücksichtigung der konstruktivistischen Perspektive (s. Kapitel 1.1). Dennoch: Diese Theorie weist auf Sozialisationsdefizite und Ausgrenzungstendenzen hin, die sich mit den vorher genannten Ansätzen und Theorien verbinden lassen, woraus sich Bildungs- und Präventionsprogramme für Jungen und Männer entwickeln ließen.

Darüber hinaus sind die Neutralisationstechniken nach Sykes und Matza, die Jugendliche anwenden, um ihre Verbrechen in delinquenten Subkulturen zu rechtfertigen, zu erwähnen. Es handelt sich dabei um Rechtfertigungsstrategien, die einerseits das Individuum vor Selbstvorwürfen bzw. vor Vorwürfen anderer nach einer Tat schützen. Andererseits kann angenommen werden, dass sie abweichendem Verhalten vorausgehen bzw. dieses ermöglichen (vgl. Sack/König 1979: 365). Durch Rechtfertigungsstrategien wird der deviante Jugendliche innerlich frei, delinquent zu werden bzw. kann delinquente Verhaltensweisen neutralisieren. Sykes und Matza unterscheiden hier fünf Techniken (vgl. Pfeiffer/Scheerer 1979: 43):

1. Ablehnung der Verantwortung.
2. Verneinung des Unrechts.
3. Ablehnung des Opfers.
4. Verdammung der Verdammenden.
5. Berufung auf höhere Instanzen.

Wenn Jugendliche diese Neutralisationstechniken (bewusst oder unbewusst) über einen längeren Zeitraum hinweg anwenden, sie ihnen „einverleibt" wurden, dann ist z. B. danach zu fragen, warum sie sich in der Subkultur Gefängnis oder in einer Ausgrenzungssituation davon verabschieden sollten bzw. unter welchen Umständen sie sich davon verabschieden würden?

Nach der *Labeling*-Perspektive ist davon auszugehen, dass eine Anhäufung von Neutralisationstechniken und ihre Anerkennung in Subkulturen (*peergroups,* Gefängis*)* als charakteristisch angesehen und sekundäre Devianz angenommen werden muss. Das Konzept der sekundären Devianz der *Labeling*-Perspektive beruht „auf einer in der Folge eines bestimmten Verhaltens vorgenommenen Rollenzuschreibung seitens der sozialen Umwelt als Abweicher" (Lamnek 2007: 226). Nach Lamnek gibt es unterschiedliche Betrachtungen, die unter die Perspektive des *Labeling Approach*[63] subsumiert werden (vgl. Lamnek 2007: 223 ff.). Den Betrachtungen ist eines gemeinsam: Sie suchen nicht nach den Ursachen abweichenden Verhaltens; die Abweichung wird vielmehr als Zuschreibungsprozess im Rahmen von Interaktionen verstanden (vgl. Lamnek 2007: 223). Neu in diesem Zusammenhang ist, dass sich die Theoretiker des *Labeling Approach* nicht mehr auf Normen beziehen; sie relativieren die sozial determinierte Geltung von Normen: „Abweichendes Verhalten ist ein solches, das andere so definieren" (Lamnek 2007: 163). Da diese Sichtweise die Suche nach anderen Ursachen für Devianz und Delinquenz vernachlässigt, entbrannte eine heftige Diskussion mit zum Teil sehr starken Argumenten der Ablehnung. Ein plausibles Gegenargument ist meiner Meinung nach, dass der *Labeling Approach* therapeutische

63 Labeling Approach kann etwa mit Definitions- und Etikettierungsansatz übersetzt werden.

Forschungen und praktische Anstrengungen „vergisst", wodurch keine spezifischen Vorschläge zur Vermeidung von delinquentem Verhalten unterbreitet (vgl. Engelhardt 1972: 60) werden. Außerdem scheint mir, dass das Produkt der sozialen Reaktion beim *Labeling Approach* im Vordergrund steht und nicht die interagierenden Personen entsprechend dem Connell'schen Konzept, wonach im sozialen Interaktionsprozess verschiedene Entwürfe von Männlichkeiten entstehen und sie im Prozess von *doing masculinity* z. B. Straftaten begehen können.

Die Thesen der Etikettierungsansätze haben den kriminologischen Diskurs zwar befruchtet, gleichwohl bezweifelt wird, dass die Ansätze die Ursachen delinquenten Verhaltens erklären können. Kersten sieht hier vor allem große Zuordnungsprobleme bei schweren Straftaten wie bei der Gewaltkriminalität im Allgemeinen (vgl. Kersten 1997b: 22). Im Bereich der sekundären Devianz und unter Berücksichtigung der hohen Rückfallraten bei jugendlichen Straftätern[64] hält er jedoch m. E. plausible Erklärungen bereit: Auf die Einweisung in eine Justizvollzugsanstalt erfolgt eine endgültige Rollenfixierung. Der nunmehr Vorbestrafte ist weiteren Diskrimininierungen seitens seines sozialen Umfeldes ausgesetzt, was Rückfälle wahrscheinlich macht (vgl. Pfeiffer/Scheerer 1979: 51).

In aller Kürze soll hier noch auf die *Theory of Differential Association* von Sutherland eingegangen werden, die Braithwaite als „by far the most influential learning theory of crime [...]" (Braithwaite 1989: 34) bezeichnet. Ein zentraler Punkt dieser Theorie ist, dass sich soziale Gruppen hinsichtlich des Respekts unterscheiden, den sie für Normen und Gesetze in einer Gesellschaft aufbringen. Der Einzelne „[...] will tend toward or away from crime according to the cultural standards of his associates, especially his intimate one" (Schuessler in: Sutherland 1973: xiv) und für jedes Individuum in einer Gesellschaft gibt es Möglichkeiten für differentielle Kontakte zu konformen und nichtkonformen Gruppen. Die Effizienz dieses Lernprozesses hängt dabei von der Häufigkeit, Dauer, Priorität und Intensität der differentiellen Kontakte ab (vgl. Pfeiffer/Scheerer 1979: 35 f.). In einer jüngeren Studie des Kriminologischen Forschungsinstituts in Niedersachsen wird diese Theorie empirisch bestätigt: „In allen Gruppen zeigt sich ein hochsignifikanter Effekt der Bekanntschaft mit delinquenten Freunden. [...] Wer fünf und mehr solche Freunde hat, hat ein fünf- bis zehnmal höheres Risiko, Gewalttäter zu sein. Für russische und pol-

64 Die Rückfallquote bei Jugendstrafe ohne Bewährung liegt bei 69 Prozent (vgl. Jehle et al. 2010: 44).

nische Jugendliche gilt dieser Zusammenhang im besonderen Maß" (Baier/Pfeiffer 2007: 34). Sutherlands Theorie korrespondiert – nach meinem Dafürhalten – mit Banduras Theorie des sozialen Lernens – dem Lernen am Modell (s. Kapitel 3).

Der amerikanische Soziologe Jack Katz bezieht sich auf vordergründige bzw. situative und kontextbezogene Faktoren der Kriminalität (vgl. Katz 1988: 310–324). Sein Ansatz resultiert u. a. aus seinen Forschungen, die er im Rahmen von gewaltsamen Bedrohungen, Unterwerfungen und Misshandlungen von situativ Unterlegenen in verarmten amerikanischen Stadtteilen betrieben hat. Katz beschreibt Hierarchisierungsstrategien innerhalb homosozialer Gruppen im Streben nach dem hegemonialen Männlichkeitsideal und wie durch *doing masculinity* der Anspruch auf Autorität durch direkte Gewaltanwendung aufrechterhalten wird, wodurch „die anderen" abgewertet bzw. marginalisiert werden: Die Unterlegenen sind

> „[…] meistens Angehörige der eigenen unterdrückten Minderheit und nur durch Nichtzugehörigkeit zur entsprechenden *gang* […] als »andere« gekennzeichnet. Kompetenz im Raub und in der Erniedrigung und »Entmännlichung« der Opfer werden als Darstellung der »richtigen« Männlichkeit […] verstanden. Man muss unbarmherzig gegenüber dem Opfer sein, um als »guter« Typ anzukommen" (Kersten 1997b: 8 f.).

Devianz und Delinquenz betrachtet Katz als eine Strategie der Bedürfniserfüllung, die zwar aus der Situation heraus und den zur Verfügung stehenden (Verhaltens-)Mitteln entstehen kann, sich aber nicht zwangsläufig ereignen muss. Sein Credo in Bezug auf Kriminalitätsbekämpfung lautet: Im Vordergrund nach den Ursachen und Erklärungen fahnden, also von der „gelebten Erfahrung" der Kriminalität ausgehen und diese analysieren, bevor man sich mit dem Hintergrund – mit individuellen und sozialen Faktoren von Devianz und Delinquenz – beschäftigt (vgl. Katz 1988: 312). Nach Katz können Beziehungsdynamiken bzw. interpersonale (Stress-)Dynamiken[65] zwischen Täter und Opfer, die sich situativ und kontextbezogen ereignen, deviante und delinquente Züge annehmen. Sein Ansatz kann m. E. sowohl mit Männlichkeitstheorien, lern- und sozialisationstheoretischen Ansätzen, als auch mit der Anomie-, *General-Stress-*

65 Vgl. u. a. Böhnisch, Connell, Merton, Agnew.

Theory und den Neutralisationstechniken verbunden werden: Einverleibte Verhaltens- und Rollenmuster, gelernte Strategien, Sozialisationsprägungen, sozialer und individueller Druck, mangelnde bzw. fehlende Konfliktlösungsstrategien können sich innerhalb sozialer Interaktionen situativ und kontextbezogen entladen und Delinquenz auslösen.

Die vorgestellten kriminologischen Theorien und Ansätze liefern zwar keine umfassenden Erklärungen für Devianz, Delinquenz und Viktimisierung, verdeutlichen jedoch – so meine Überzeugung –, dass Männlichkeitsmodelle, Lern- und Sozialisationstheorien eine zentrale Stellung einnehmen, wenn es um Verhaltenserklärungen und -veränderungen geht.

4.4 Sozialpsychologische Forschungsexperimente

Bei den sozialpsychologischen Forschungsexperimenten ist zum einen das von dem amerikanischen Sozialpsychologen Philip Zimbardo 1971 durchgeführte Gefängnisexperiment an der Stanford University von Bedeutung, das später verfilmt wurde. Die zweiwöchige Simulation einer Gefängnissituation, in der eine Gruppe freiwilliger Studenten nach dem Zufallsprinzip entweder in den Rollen von Gefängniswärtern oder von Gefangenen agierten, musste bereits nach wenigen Tagen abgebrochen werden, weil die Studenten in der Rolle von Gefängniswärtern immer sadistischer und gewalttätiger wurden – im Gegensatz zu den Studenten in den Gefangenenrollen, die Schikanen und gewalttätigen Übergriffen ausgesetzt waren (vgl. Zimbardo 2008: 18, 99–127).

Das Experiment verdeutlicht, wie situative und kontextbezogene Kräfte in gruppendynamischen Prozessen zusammenwirken und es zu Persönlichkeitsveränderungen kommt. Diese Metamorphose bezeichnet Zimbardo als den *Lucifer Effect,* anhand dessen er diese transformativen Prozesse aufgearbeitet und 2007 veröffentlicht hat.[66] Zimbardo beschäftigte die Frage, in welchem Ausmaß individuelle Handlungen, die außerhalb von Erbanlagen, Persönlichkeitseigenschaften, Charakter, freier Wille und anderen Dispositionen liegen, auf situative Variablen und Umweltfaktoren zurückgeführt werden können. Auf seiner Reise durch „Gut" und „Böse" interessieren ihn unbekannte Situationen, in denen alte Gewohnheiten und erlernte

66 Die Originalausgabe „The Lucifer Effect – Understanding How Good People Turn Evil" wurde 2008 ins Deutsche übersetzt.

Fähigkeiten nicht mehr weiterhelfen. Grundsätzlich werden seiner Meinung nach dispositionelle Qualitäten überschätzt und situative Einflüsse unterschätzt. Letztere sind jedoch von Bedeutung, weil sich Menschen und Situationen in dynamischen Interaktionen befinden (vgl. ebd.: 5–7). Damit bestätigt Zimbardo m. E. die sozialwissenschaftliche Sichtweise der sozialen Praxis, in der das Handeln und die Interaktionen im Mittelpunkt stehen und wodurch sich (inter-)personale Gewalt verwirklichen, strukturelle Gewalt institutionalisieren und (sub-)kulturelle Gewalt legitimieren kann (s. Kapitel 4.1).

Zum anderen ist das bereits 1961 von dem Psychologen Stanley Milgram entwickelte Experiment zur Gehorsamsbereitschaft gegenüber Autorität zu nennen, das ursprünglich die Zeit des Nationalsozialismus sozialpsychologisch untersuchen und die Obrigkeitsgläubigkeit der Deutschen zu erklären versuchte und das letztendlich zur Erkundung der Bereitschaft von Menschen diente, ob und inwieweit sie autoritären Anweisungen folgen, selbst wenn sie diese mit ihrem Gewissen nicht mehr vereinbaren können (vgl. Milgram 1974: 17–30). An dem Experiment, das mit Versuchspersonen aus New Haven von der Versuchsanordnung her wie ein Theaterstück angelegt wurde, nahmen jeweils ein „Lehrer", ein „Schüler" und eine Autoritätsperson (der Versuchsleiter) teil. Der Lehrer, der „[...] eine echte, uninformierte Versuchsperson" (ebd.: 19) war, hatte die Aufgabe, seinem Schüler (oder dem Opfer) bei jedem Fehler, den er bei der Zusammensetzung von Wortpaaren machte, einen elektrischen Stromschlag zu versetzen, wobei sich die Spannung nach jedem Fehler erhöhte. Tatsächlich erlebten die Schauspieler in ihren Rollen keine Stromschläge, sondern reagierten nach einer zuvor einstudierten Lautäußerung: bei Schocks mit 75 Volt reagierte das Opfer mit einem leichten Knurren, bei 120 V „[...] rief das Opfer dem Versuchsleiter zu, dass die Schocks jetzt schmerzhaft würden" (ebd.: 40), bei 150 V reagierte es mit dem Schrei, dass das Experiment jetzt abgebrochen werden müsse, bei 270 V kam es zu einem qualvollen Brüllen, und ab 330 V hörte man nichts mehr (vgl. ebd.: 40).

Sollten dem Lehrer, der den Abbruch des Experiments in einer Fernraumanordnung jederzeit bestimmen konnte, Zweifel kommen, wurde er von der Autoritätsperson mit vier standardisierten Sätzen zum Weitermachen aufgefordert: 1: Bitte fahren Sie fort! Oder: Bitte machen Sie weiter! 2: Das Experiment erfordert, dass Sie weitermachen! 3. Sie müssen unbedingt weitermachen. 4. Sie haben keine

Wahl, Sie *müssen* weitermachen! (vgl. ebd.: 38).[67] Das Ergebnis war eindeutig: Von insgesamt 40 Personen brachen 14 das Experiment bei Schocks zwischen 300 V und 375 V ab. 26 Personen gingen bis zur maximalen Spannung von 450 V (vgl. ebd.: 51), obwohl die im Vorfeld geäußerten Erwartungen der Versuchsteilnehmer das Gegenteil signalisierten, nämlich, „dass nur wenige Versuchspersonen sich den Befehlen des Versuchsleiters fügen werden" (ebd.: 46). Milgram entwickelte daraufhin weitere Varianten (vgl. ebd.: 48–58) und führte seine Experimente auch mit Frauen und mit Personen anderer Kulturen durch, in denen seine Ergebnisse grundsätzlich bestätigt wurden: Unabhängig vom Geschlecht und der Kultur orientierten sich die Versuchspersonen in der Rolle der Lehrer an der jeweiligen Autoritätsperson und nicht an den Schmerzen der Schüler, obwohl „[…] die Gehorsamsbereitschaft sich deutlich vermindert, je umittelbarer und näher der Kontakt des Opfers zur Versuchsperson war" (ebd.: 52), vor allen Dingen in Experiment Nr. 4 mit Berührungsnähe. Milgram weist in seiner Studie auf eine m. E. sehr wichtige Komponente im sozialen Zusammenleben hin, nämlich dass dieses von bestimmten situationsbedingten Verpflichtungen und Etiketten abhängt: „Wenn die Umstände hierarchisch definiert sind, wird jeder Versuch, die definierte Situation zu verändern, als moralischer Übergriff gelten und Angstzustände, Schamgefühle, Peinlichkeitsgefühle und ein reduziertes Selbstbewußtsein hervorrufen" (ebd.: 177). Diese Komponente erscheint mir im Streben nach hegemonialer Männlichkeit und bei einem eventuellen Verlust von Autorität und Ehre elementar, was sowohl männliche Täterschaft als auch Opferwerdung bedingen kann.

67 Zu erwähnen ist, dass der Lehrer zu Beginn des Experiments dem Versuchsleiter versprach, ihm behilflich zu sein, damit seine Autorität aufrechterhalten bleiben kann. Diese situationsbedingte Verpflichtung steuerte indirekt das Verhalten des Lehrers, der wusste, dass er bei Abbruch des Experiments die Selbstdefinition des Versuchsleiters gefährden würde. Somit blieb ihm nur der Gehorsam (vgl. Milgram 1974: 174–176).

5. Männerkulturen und Männlichkeitsdarstellungen

In modernen Gesellschaften wird eine (hegemoniale) Männerkultur mit den Merkmalen „weiß, gebildet, mittelständisch, heterosexuell" – entsprechend der historischen Prägung – verbunden: „For example, in colonial America, white men as husbands had control over their wives and as fathers control over their childen's marriages and access to family property, but Afro-American male slaves had no such patriarchal rights" (Messerschmidt 1993: 72) und „Within the school environment [...] masculinity is normally accomplished through participation in sports and academic success" (Messerschmidt 1993: 93). Insofern sind hegemoniale Kulturen [...] immer auch politisch zu sehen, weil sie auf Differenzierung nach innen und auf Hierarchie und Abschottung nach außen bauen" (Janshen 2001: 73), wodurch sie Vielfalt einbüßen.[68] Männerkulturen zeichnen sich durch Dominanz, Unterordnung und Komplizenschaft aus. Kohärenz wird entsprechend der jeweiligen hierarchischen Stellung und aufgrund der patriarchalen Dividende erzielt. Faktisch sind heute m. E. diese Schatten der Geschlechterpolarisierung nach wie vor erkennbar: Männer verfügen über materielle und immaterielle Ressourcen (Macht und Geld), moderne Männer sind in der Minderheit (s. Kapitel 1.3), und homosoziale Gemeinschaften, in denen traditionelle Männlichkeit und Habitus gelebt werden können, werden für Männer wieder interessanter (vgl. Janshen 2001: 74 f.).

In diesem Kapitel werden Täterschaft und Opferwerdung bzw. Kriminalisierungs- und Opferrisiken im Rahmen von Männlichkeitsdarstellungen in spezifischen hegemonialen Männerkulturen analysiert sowie Erklärungsversuche erarbeitet, wodurch der „weite Gewaltbegriff" von Galtung verdeutlicht werden kann.

5.1 Reproduktionsstätten hegemonialer Männlichkeit

Hegemoniale Männlichkeit sichert, so nimmt Kersten an, die „[...] Vorherrschaft eines Geschlechts in einer [...] geschlechterungleichen Kultur", und „[...] in die Reproduktion wird von [...] männlichen

68 In diesem Zusammenhang stellt sich die Frage: Warum lassen Männerkulturen bzw. -bündnisse keine Vielfalt zu?

und vielen weiblichen Mitgliedern der Gesellschaft investiert: durch Erziehung und Beziehung, durch Vorteilserwirtschaftung, Statusabsicherung und Abgrenzung gegenüber anderen" (Kersten 1997a: 106). Die sich daraus ergebende männliche Überrepräsentanz in Machtpositionen der Wirtschaft, Politik, Wissenschaft, Medizin, Justiz und des Militärs verdeutlicht, dass der soziale Unterschied zwischen den Geschlechtern größer ist als der biologische (vgl. Kersten 1997a: 106).

5.1.1 Konzept *Accomplishing gender*

Accomplishing gender bezeichnet schicht- und geschlechtsspezifische „[...] sichtbare konfrontative Auseinandersetzungen mit gewaltförmigem Charakter [...]" (Kersten 1997a: 103). Daraus resultierende Gewaltformen werden als Teilhabe an hegemonialer Männlichkeit aufgefasst. Obwohl in modernen Gesellschaften die hegemoniale Männlichkeit ein „Auslaufmodell" ist, muss angenommen werden, dass sich das Streben nach diesem Männlichkeitsideal vor allen Dingen in marginalisierten Populationen, z. B. bei den Jugendlichen der *underclass*, fortsetzt. In Anlehnung an Messerschmidt, dem ein geschlechtssoziologischer Ansatz im Kontext von Abweichung und Kontrolle und als Fortentwicklung des Connell'schen Konzeptes der hegemonialen Männlichkeit gelang, zeigt Kersten, „[...) wie sich je nach sozialer Lage öffentliche und private Bewerkstelligungen von Männlichkeit und Weiblichkeit bei Jugendlichen der *underclass* unterscheiden" (ebd.: 103).

Die Bewerkstelligung von Männlichkeit begründet sich auf der Aufrechterhaltung der Ungleichheit zwischen Mann und Frau. Im System der hegemonialen Männlichkeit werden Frauen wie Männer untergeordnet, d. h. Ausländer unter Einheimische, Homosexuelle unter Heterosexuelle, Sexualtäter unter Betrüger (aus der Sicht von Strafgefangenen). Dadurch entsteht ein Überlegenheitsgefühl zum Weiblichen – und zwischen Männlichkeiten kristallisieren sich Unterschiede in der Beziehungsdynamik durch die Betonung von Klasse, Ethnie und Alter heraus. Dabei ist zu beachten, dass „Marginalized, racial minority boys – as with white, middle- and working-class boys – produce specific configurations of behavior that can be seen by others within the same immediate social situation as ‚essentially male'" (Messerschmidt 1993: 117).

Männliche Domänen des essentiellen Handelns sind (vgl. Kersten 1997a: 107): 1. Nachwuchssicherung (Erzeugen), 2. Kontrolle des sozialen Nahraums und dessen Schutz gegen Feinde (Beschützen),

3. Sicherstellung der Versorgung (Versorgen). Diese Domänen formen kulturelle Leitbilder, die alters- und schichtspezifische Erwartungen einschließen: Ein statushoher Mann muss z. B. im Gegensatz zu einem statusniedrigen „seine Männlichkeit" nicht mehr öffentlich darstellen. Demgegenüber befinden sich statusniedrige, ungebundene und junge Männer in einem besonders virulenten Kreislauf: Die heterosexuelle Potenz ist für die Nachwuchssicherung genauso zu beweisen wie die Fähigkeit zum Kämpfen und Beschützen.

5.1.2 *Peergroups*

Peergroups, Cliquen, Banden bzw. Gleichaltrigengruppen sind öffentliche Bewerkstelligungsinstanzen „[...] zur Vermittlung und Kontrolle von Männlichkeit" (Senger-Lindemann 2000: 224) und zur Einübung erwachsener Entwürfe von Männlichkeit und Weiblichkeit. Für Jungen, die in einer feminisierten Umwelt aufgewachsen sind, sind sie darüber hinaus Orte der sozialen Neuorientierung und der Übernahme von Normen, Werten und Weltanschauungen. Das männliche Konkurrenz- und Wettbewerbsverhalten (s. Kapitel 4) – das Bemühen, einem anderen Mann überlegen zu sein – wird u. a. in *peergroups* eingeübt und erfährt hier häufig eine Zuspitzung und Intensivierung. Somit sind *peergroups* Orte der Konfliktentstehung und -bewältigung, und die *peergroup* wird per se zum Ort von *doing masculinity* (s. Kapitel 2.2.4), was den Aufbau von empathischen Beziehungen der Jugendlichen untereinander erschwert, deviante und delinquente Aktivitäten fördert wie Koma-Saufen, Mutproben, Gewalthandlungen und die Abwertung von Mädchen und Jungen, die nicht ihrem Männlichkeitsbild[69] entsprechen, sowie die Abgrenzung und Abschottung nach außen zur Folge hat. *Gangs* werden darüber hinaus als spezifische Form einer höchst einflussreichen männlichen Clique betrachtet, die auf der Basis von Solidarität und Kameradschaft entwicklungsphasenspezifische Formen von Devianz hervorbringen (vgl. Meuser 1999: 57–62).

Peergroups schaffen Orientierungs- und Handlungsmuster, welche die Persönlichkeitsentwicklung einschränken und die Identitätsfindung erschweren. Minderwertigkeitsgefühle und Selbstwertprobleme werden durch Ritualisierungen des Männlichkeitsbildes kompensiert, das dadurch gefestigt wird. Dieses frühzeitige Einüben

69 Böhnisch sieht u. a. *peergroups* als Entwicklungsstätten des traditionellen Mann-Seins. Connell versteht sie als Reproduktionsstätten hegemonialer Männlichkeit.

von geschlechtshomogenen Verhaltensweisen scheint sich später in Männerkulturen und -bündnissen[70] fortzusetzen (vgl. Bründel/ Hurrelmann 1999: 48 f., vgl. Senger-Lindemann 2000: 224 f.). „Die homosoziale Gesellungsform ist eine wichtige Ressource männlicher Solidargemeinschaft" (Meuser 1999: 56). Sie trägt dazu bei, die Geschlechterdifferenz bei Frauen durch Überlegenheit und bei Männern durch Ausschluss zu verstärken (vgl. ebd.: 56).

5.1.3 Männerstrafvollzug

Das Streben nach dem hegemonialen Männlichkeitsideal erfährt – nach meinem Dafürhalten – im Männerstrafvollzug sowohl im Jugend- als auch im Erwachsenenvollzug eine Zuspitzung: Männlichkeitsideale, die grundsätzlich über ein enormes Beharrungsvermögen verfügen, werden in der „Kultur hinter Gittern" ohne öffentliche Aufmerksamkeit gelebt und können fortbestehen: Junge Männer werden durch ältere, statushohe Männer „sozialisiert", also kriminalisiert, was mangels Sichtbarkeit in der Außenwelt, also bei der Bevölkerung, den Medien und in der Kriminalpolitik kaum wahrgenommen wird.

Die Gefangenen-Subkultur in der totalen Institution eines Gefängnisses (vgl. Neubacher et al. 2011: 133–146) wird einerseits als das Ergebnis eines dynamischen Prozesses aufgrund von Deprivationen durch die Haftsituation, als Ergebnis etablierter subkultureller Strukturen und Lernprozesse geschildert, in denen u. a. subkulturelle Regeln (Verbote, andere zu verpfeifen oder sich an das Aufsichtspersonal zu wenden) verinnerlicht werden. Andererseits führen die subkulturellen Handlungen von Gefangenen, die vom Vollzugspersonal zumeist als Misstrauen und Widerstand gegen ihre Arbeit interpretiert wird, letztlich zu einer Verschärfung der Überwachung und zu strengeren Disziplinarmaßnahmen (vgl. Foucault 1976: 265) – ein Teufelskreis, der sich durch kontinuierliche Rückkoppelungsprozesse nachhaltig verankert und in dem sich alle Beteiligten als Opfer erfahren.

Das Gefängnis ist ein Ort, an dem *doing masculinity* binnengeschlechtlich vonstatten geht und sich der männliche Habitus (s. Kapitel 2.2.2) sowohl in physischer Gewalt als auch in einer Hypermaskulinität „im Schatten der Gesellschaft" darstellen kann. Von Marginalisierung sind – nach bisherigem Kenntnisstand (vgl. Neubacher et al.

70 Dazu zählen beispielsweise die Stammtisch- und Vereinskultur, Rotary-Clubs, Burschenschaften, aber auch der Männerstrafvollzug, das Militär sowie Führungspositionen der Wirtschaft, Politik und Wissenschaft.

2011: 134) – besonders junge, schwache und unerfahrene Häftlinge betroffen sowie solche, die in eine Außenseiterposition geraten sind. Auch von Gewalt, die sich gegen sich selbst richtet (Selbstverstümmelungen, Suizid), sind Gefangene überdurchschnittlich betroffen. „In den Jahren 2000 bis 2008 nahmen sich z. B. in deutschen Justizvollzugsanstalten ingesamt 784 Gefangene das Leben" (Neubacher et al. 2011: 136). Obwohl die Suizidrate in den letzten Jahren angestiegen ist, sind Studien zum Suizid, also über Viktimisierungserfahrungen, unter Gefangenen selten.

Kurzum: Gewalt ist im Strafvollzug in allen Facetten anzutreffen, aber auch das Risiko der Opferwerdung durch Mithäftlinge und durch die Institution selbst ist hoch.

5.1.4 Erklärungsansätze

In *peergroups,* in Subkulturen wie im Männerstrafvollzug, die überwiegend mit Heterosexualität verbunden werden, geht es um Macht- und Imageinteressen, aus denen Ranghierarchien entstehen. Unterordnung, Konformitätsdruck, das Ausüben und Erleiden von Gewalt sind Folgeerscheinungen von *accomplishing gender* und des *doing masculinity,* wodurch Jungen und Männer durch Unterordnung und Marginalisierung in Außenseiterpositionen geraten und Gewaltprozesse durchleiden.

Durch *accomplishing gender* gehen Jungen und (junge) Männer der *underclass* aus prekären, bildungsfernen, sozialisationsdefizitären Verhältnissen und mit einem niedrigen sozioökonomischen Status Risiken ein. Die Beschaffung von statushohen Gütern und deren öffentliches Zur-Schau-Stellen als Beweis ihrer Versorgerqualitäten initiiert riskante Lebensweisen und deviante *peergroup*-Aktivitäten, wodurch Kriminalisierungsrisiken entstehen (vgl. Kersten 1997a: 107 f.). Diese Risiken werden in sozialen und individuellen Drucksituationen aufgrund fehlender Zugänge und mangelnder Ressourcen zur Erreichung der hegemonialen Männlichkeit eingegangen, aber auch mangels adäquaten Coping- und Anpassungsstrategien, einer Reaktanz gegenüber Entbehrlichkeit sowie einer Devianz gegenüber sozial Etablierten. Jungen und (junge) Männer geraten dadurch m. E. in anomische Zustände, in denen der Gegenentwurf zum männlichen Leitbild entsteht, und zwar abweichende und gefährliche Männlichkeiten. Eine Gefahr, die durch die KfN-Studie bestätigt wird: mit der Zahl der delinquenten Freunde nimmt das Risiko delinquenten Verhaltens zu. Vor allem Jugendliche mit Migrationshintergrund (mit

Ausnahme von asiatischen Jugendlichen) sind einem größeren Delinquenzrisiko ausgesetzt (Baier et al. 2009: 81).

Aus der Wahrnehmung integrierter hegemonialer Männlichkeiten – so meine daran anknüpfenden Überlegungen – bedrohen jugendliche Gewalttäter grundsätzlich die Gesellschaft, weil sie das Wohlbefinden und den Wohlstand aller gefährden. Jugendgewalt als Bewältigungsart zwischen Männern bekommt durch diese Beziehungsdynamik und besonders für marginalisierte Jugendliche eine spezifische Bewertung, wodurch der Hegemonieanspruch abweichender und delinquenter Männlichkeiten legitim erscheinen kann und etwaige Verbrechen durch die Anwendung von Neutralisationstechniken gerechtfertigt werden können.

Im Bereich von Kriminalisierungs- und Marginalisierungsrisiken bei jugendlichen Unterschichtsangehörigen bietet das Konzept *Accomplishing Gender* plausible Erklärungen aus der kriminalsoziologischen Perspektive. Es liefert Ansätze im Bereich von binnengeschlechtlicher Gewalt – ein Gewalthandeln, das von Männern auf Männer gerichtet ist –, und leistet einen wesentlichen Beitrag zur Reproduktion hegemonialer Männlichkeit, was in der Kriminologie bislang vernachlässigt wurde (vgl. Meuser 1999: 49 f.). Darüber hinaus eignet sich m. E. die *Labeling*-Perspektive zur Erklärung sekundärer Devianz im Bereich der Interaktionen zwischen dem JVA-Personal und den Gefangenen.

5.2 Männliche Ehre und Ehrbedrohung

Ein wichtiger Hintergrund für kulturelle Gewalt als Ausdruck einer historisch gewachsenen Kultur im Zusammenspiel von gesellschaftlichen Strukturen und kulturellen Systemen „[…] sei […] die Freisetzung der Individuen aus kollektiven Verpflichtungen. Gewalt ist oft leidenschaftlichen Emotionen geschuldet, deren Basis starke Bindungen an ein Kollektiv von dort gespeisten Vorstellungen von Ehre und Ehrbedrohungen sowie daran ausgerichtete Erwartungen sind" (Enzmann/Brettfeld/Wetzels 2004: 266). In diesem Zusammenhang wurde eine Verlagerung der sozialen Situationen, in denen Gewalt geschieht, in den Bereich des Privaten beobachtet[71] (vgl. ebd.: 266).

71 Worauf die hohe Dunkelziffer im Bereich der häuslichen Gewalt verweist.

5.2.1 Der Habitus der männlichen Ehre

Lebensformen und Milieus von männlichen und weiblichen Jugendlichen sowie deren Konstitution im handlungspraktischen Erfahrungswissen wurden im Rahmen eines Projekts zur Jugendforschung untersucht (vgl. Bohnsack 2001: 49–54).[72] In der Analyse, in der geschlechts-, bildungs-, generations- und migrationsspezifische Erfahrungsräume unterschieden werden, geht es darum, „die Auseinandersetzung mit dem männlichen Habitus der Ehre in ganz unterschiedlichen Gruppen von [...] Jugendlichen türkischer Herkunft zu rekonstruieren" (ebd.: 54)[73].

Das Konzept der Ehre erweist sich „[...] als eine Komponente von Ethnisierung und ethnischer Abgrenzung" (ebd.: 57) und als ein zentrales Problem der Jugendlichen in der zweiten und z. T. dritten Migrationsgeneration (vgl. ebd.: 67). Im Gegensatz zu deutschen und nicht-türkischen Männern, denen die „Ehre fehlt", weil sie nicht in der Lage sind, „[...] die Grenze zwischen innerer (ehelicher und familialer) und äußerer (öffentlicher) Sphäre" (ebd.: 56) in den Beziehungen zu ihren Frauen zu kontrollieren, streben die befragten Jugendlichen danach, „richtige Männer" zu sein bzw. zu werden, also nach dem hegemonialen Männlichkeitsideal. Dabei geht es nicht primär um Sexualität oder um die Bewältigung finanzieller Probleme, sondern um „die Suche nach *habitueller Sicherheit*, nach einer habituellen Übereinstimmung im Bereich der Geschlechterverhältnisse" (ebd.: 56), was sich auch im Wunsch nach „Ehrhaftigkeit" – eine Eigenschaft des *sozialen* Habitus des Mannes – ausdrückt (vgl. ebd.: 56). Diese habituelle Sicherheit bleibt jedoch ein Traum, weil sie sich immer wieder gegenüber der habituellen Praxis des deutschen Mannes behaupten muss, der zuweilen mit Verständnis und Empathie auf die individuellen weiblichen Perspektiven reagiert. Da dieses Verhalten mit der habituellen Disposition des Mann-Seins kollidiert, müssen türkische Jungen und junge Männer im Streben nach hegemonialer Männlichkeit von vornherein ausschließen, dass „[...] Frauen sich in unkontrollierbare Situationen begeben – indem sie z. B. mit dem Arbeitskollegen essen

72 Es handelt sich hier um eine wissenssoziologische Analyse, bestehend aus Gruppendiskussionen, biografischen Interviews und teilnehmender Beobachtung.

73 In der Analyse wurden peergroups von Hooligans und Angehörige von Rockbands in einer nordbayerischen Kleinstadt und in Berlin untersucht. Später wurde eine Gruppe junger Frauen türkischer Herkunft in die Analyse einbezogen.

gehen" (ebd.: 57). Eine weitere exklusive bzw. partikularistisch-moralische Haltung zeigt sich in Verbindung mit jenen Frauen, die als den Männern zugehörig betrachtet werden, weil sie zur eigenen Familie und Verwandtschaft zählen und über die Grenzziehung wachen müssen. Dadurch wird die Ehre des türkischen Mannes wiederum partikularisiert. Der doppelte Partikularismus äußert sich dadurch, dass er von der eigenen Sippschaft die Anerkennung der eigenen Moral und der habituellen Praxis einfordert, andererseits deutschen wie nicht-türkischen Männern, denen der Habitus der Ehre abgesprochen wird, diese Anerkennung verweigert (vgl. ebd.: 58). Sollte es auf dieser Basis nicht möglich sein, „[...] die Ehre auf dem Weg einer kommunikativen Verständigung zu [...] bewahren [...], erscheint „Gewalt [...] als die einzige, nicht hinterfragte Möglichkeit" (ebd.: 59). Bei der Auswahl der Ehepartnerin ist deshalb die Gleichartigkeit der regionalen Herkunft wichtig, weil eine habituelle Übereinstimmung erzielt werden kann, die sich auf der Basis der regionalen Herkunft konstituieren konnte. Zur Heiratsvermittlung sind überdies jene prädestiniert, „[...] die den entsprechenden sozialen Habitus inkorporiert haben: die Eltern, die Verwandten und Bekannten der Region" (ebd.: 63).

In der Untersuchung stellte sich im Übrigen heraus, dass bei türkischen Mädchen und Frauen die Orientierung am sozialen Habitus der Ehre zwar bekannt ist, sie diesen jedoch wenig glaubwürdig und authentisch empfinden. Ihre Suche nach einem potenziellen Partner orientiert sich am individuellen und nicht am sozialen Habitus. Diese Orientierung wird allerdings der ethnischen Gemeinschaft vorenthalten, womit sich Mädchen und Frauen vor Konflikten schützen, vornehmlich mit Hilfe des Vaters und des potenziellen Partners. Sozialisationsbedingt fehlen den Frauen jedoch grundsätzlich Bewältigungsstrategien, wodurch sie sich in Gewalttätigkeiten verstricken können. Dies steht im Gegensatz zu den jungen Männern, deren Verstrickung aufgrund ihrer Bindung an den inkorporierten „modus operandi" der tradierten Ehrhaftigkeit (vgl. ebd.: 64–67) erwächst, denen allerdings außerhalb dieses Modus m. E. ebenso Verhaltensstrategien bzw. Coping-Strategien im Umgang mit Konflikten und Stress fehlen.

5.2.2 Modell *Culture of Honor* und GLMN

Das Modell *Culture of Honor* wurde von Richard E. Nisbett und Dov Cohen entwickelt, um den unterschiedlichen Kriminalitätsraten in den Nord- und Südstaaten der USA nachzugehen – denn zwischen 1865 und 1915 entsprach die Mordrate im Süden der USA dem Zehnfachen der heutigen Mordrate (vgl. Nisbett/Cohen 1996: 1). Nisbett/Cohen beziehen sich auf umfangreiches sozialhistorisches Datenmaterial und weisen nach, dass sich die regionalen Unterschiede im Bereich der Tötungsdelikte auf soziale Unterschiede der jeweiligen kulturellen Struktur zurückführen lassen. Kurz zusammengefasst: Im Gegensatz zu den Menschen im Norden, die vom Ackerbau lebten, siedelten sich im Süden vorwiegend Viehtreiber an. Diese sahen sich der ständigen Gefahr ausgesetzt, ihren Viehbestand zu verlieren: „Herdsmen constantly face the possibility of loss of their entire wealth – through loss of their herds" (ebd.: 5), was zum Verlust sowohl der individuellen als auch der Familienehre führte. Gewaltausübung diente dem Schutz des Privateigentums, der familialen Fortpflanzung und der industriellen Produktion – vor allen Dingen in den strukturell schwachen Regionen des Südens, in denen Menschen auf sich selbst gestellt und Überlebensressourcen knapp waren. So waren Gewalthandlungen in der *Culture of Honor* akzeptiert, denn sie dienten dem Erhalt der Gesellschaften, was möglicherweise auch den höheren Waffenbesitz in den Südstaaten erklärt (vgl. ebd.: 20). Zum anderen verschaffte Gewaltausübung den Männern persönliches Ansehen und Macht. Durchsetzungshandlungen wurden im Rahmen der Sozialisation gelehrt und eingeübt (vgl. ebd.: 27–40): „Even very young children were encouraged to be aggressive, learning that they were supposed to grab for things, fight on the carpet to entertain parents […]" (ebd.: 2). Ehrhaftigkeit, die sich als Eigenschaft des sozialen Habitus entwickelte, bildete ein bestimmtes männliches Kapital; sie musste, wenn nötig, mit Gewalt und zwecks der kulturellen Übereinstimmung verteidigt werden. Nisbett/Cohen verweisen auf zahlreiche anthropologische Studien in verschiedenen Regionen der Welt, die darauf hinweisen, dass für „*herding*-Gesellschaften" eine *Culture of Honor* charakteristisch ist (vgl. ebd.: 7–12).

Anlehnend an das Modell Nisbett/Cohen forschen Enzmann/Brettfeld/Wetzels in diesem Bereich weiter und nehmen an, dass „[…] männliche Gewalt unter bestimmten Bedingungen kein Normbruch, […]" ist, „[…] sondern ein normativ gefordertes und für das soziale Überleben funktionales Verhalten des Einzelnen" (Enzmann/Brettfeld/Wetzels 2003: 266). Ihrer multizentrischen Dunkelfeldstudie (s. Kapitel 4.2.2) legen sie deshalb folgende Überlegungen zugrunde:

1. Auch in modernen Gesellschaften entwickeln sich Kulturen der Ehre und bestehen weiter.

2. Zunehmende sozioökonomische Benachteiligung, ethnische Segregation sowie äußere und innere Kulturkonflikte können männliche Jugendliche veranlassen, sich selbst und die jeweiligen Gruppe präventiv zu schützen, wodurch traditionelle hegemoniale Männlichkeitskonzepte internalisiert werden.
3. Gewaltlegitimierende Männlichkeitsnormen (GLMN, s. Kapitel 4.2.2) korrespondieren mit der Besonderheit der Bewältigung jugendspezifischer Entwicklungsphasen.
4. Jugendliche entwickeln in den *peergroups,* in denen es zu Machtkämpfen, Dominanz- und Statuskämpfen kommt, eine milieuspezifische Kultur der Ehre, die mit dem Modell von Nisbett/Cohen, das unter historischen und ökonomischen Bedingungen entstanden ist, nicht erklärt werden kann.

Beide Dunkelfeld-Jugendstudien weisen jeweils einen Zusammenhang zwischen einer Kultur der Ehre, der Internalisierung der GLMN und der eigenen Täterschaft nach. Konkret: Eine Zustimmung ist über alle Migrantengruppen hinweg bei den männlichen Befragten höher als bei den weiblichen, und die Täterraten liegen bei jenen, die den GLMN zustimmen, deutlich höher als bei jenen, die diesen Normen neutral oder ablehnend gegenüberstehen. Bei Jugendlichen türkischer Herkunft wurde zwar eine größere Zustimmung nachgewiesen. Eine Zustimmung zu den GLMN tritt allerdings auch bei Einheimischen mit niedrigem sozioökonomischem Status auf.

5.2.3 Phänomen Ehrenmord

Im Jahr 2010 wurden in der Polizeilichen Kriminalstatistik (PKS) rund 3000 Straftaten gegen das Leben erfasst, davon 700 Morddelikte. Bekannt ist, dass die meisten Tötungen im sozialen Nahraum begangen wurden, was die Verlagerung der Gewalt ins Private belegt (s. Kapitel 5.2). Es handelt sich meist um Beziehungstaten zwischen Bekannten oder Verwandten, darunter Ehrenmorde (vgl. Oberwittler/Kasselt 2011: V), ein Umstand, der auf ein großes Dunkelfeld bei Tötungsdelikten hinweist.[74]

74 Es gibt Hinweise darauf, dass viele Tötungsdelikte der Aufmerksamkeit von Behörden entgehen, ohne dass es konkrete Anhaltspunkte für eine Größenordnung des Dunkelfeldes bei Tötungsdelikten gibt. Die „Öffent-

Der überwiegende Teil der wissenschaftlichen Abhandlungen zum Phänomen Ehrenmord „[...] bezieht sich bisher auf die Ehrenmorde und deren patriarchalischen Kontext in den ‚Herkunftsländern' des Phänomens, insbesondere auf Taten in der Türkei" (ebd.: 8). Informationen zu den Hintergründen von Ehrenmord-Fällen in Deutschland liefern zwei Studien: Die Studie aus dem Jahr 2005 der Menschenrechtsorganisation „Terre des Femmes", die auf einer Auswertung von Zeitungsberichten basiert, sowie die „Bund-Länder-Abfrage" 2006 des Bundeskriminalamtes Wiesbaden (BKA). Bei beiden Arbeiten handelt es sich um eine quantitative Auswertung von Falldaten, die zwar einen statistischen Überblick geben, jedoch wenig über Charakteristika, Häufigkeit und jeweilige situative und kontextbezogene Bedingungen dieser Gewaltform aussagen.

Die BKA-Studie über „Ehrenmorde in Deutschland 1996–2005" beabsichtigt eine systematische und empirische Bestandsaufnahme. Sie bezieht auch Fälle aus den Grauzonen ein und fahndet nach sozialwissenschaftlichen Erklärungen (vgl. ebd.: 10 f.). Die Analyse basiert auf der Auswertung von Prozessakten in 78 Fällen: auf Ermittlungsberichten der Polizei, Täter-, Opfer- und Zeugenbefragungen und Gerichtsakten. Maßgebliche Untersuchungsergebnisse sind:

Die Gesamtzahl der Ehrenmorde wird auf zwölf pro Jahr geschätzt. Bei einem Viertel handelt es sich um Ehrenmorde im engeren Sinn. Ehrenmorde sind einerseits quantitativ seltene Ereignisse. Andererseits ergab die Auswertung von PKS-Einzelfalldaten aller Tötungsdelikte in Baden-Württemberg, „[...] dass Partnertötungen durch Männer mit türkischer Staatsangehörigkeit dreimal häufiger, und in der Altersgruppe der 25- bis 30-Jährigen sogar fünfmal häufiger sind als Partnertötungen durch Deutsche" (ebd.: 167). Als Tatanlässe werden, analog zu den „normalen" Partnertötungen, Trennungen oder die (vermeintliche) Untreue des Opfers vermutet. Eine mangelnde kulturelle Assimilation konnte als Tatanlass nicht bestätigt werden. Häufig stehen Ehrenmorde im Kontext des Phänomens von arrangierten Ehen. Der Anteil der männlichen Opfer bei dieser Tötungsart liegt bei 43 Prozent, d. h. mit den weiblichen Opfern werden auch deren unerwünschte Partner angegriffen. Die Gefahr, ein Opfer zu werden, sinkt mit zunehmendem Alter: Am meisten sind die 18- bis 29-Jährigen betroffen. Zwei Drittel der Fälle ereignen sich in Familien türkischer Herkunft. Die Täter kommen mit über 90 Prozent aus der

lichkeit", die bei einem Ehrenmord gesucht wird, bezieht sich auf die verschwiegene Öffentlichkeit eines sozialen Umfeldes und nicht auf deutsche Strafverfolgungsbehörden (vgl. Oberwittler/Kasselt 2011: 56).

ersten „Gastarbeitergeneration". Befürchtungen, dass Ehremorde mit einer Re-Ethnisierung in Deutschland geborener jüngerer Migranten in Zusammenhang stehen, bestätigt die BKA-Studie nicht. Im Gegenteil: Angehörige der zweiten und dritten Einwanderungsgeneration, die in Deutschland geboren und hier sozialisiert wurden, werden selten zu Tätern. Diese entstammen beinahe alle der *underclass*: Ehrenmorde sind demzufolge in der marginalisierten Unterschicht zu verorten und werden in prekären und bildungsfernen Milieus ausgeübt (vgl. ebd.: 167–169).

Eine eindeutige Definition des Phänomens „Ehrenmord" ist schwierig. Meist werden drei charakteristische Merkmale beschrieben:

1. Der Ehrenmord wird hauptsächlich an Frauen bzw. Mädchen durch männliche Verwandte begangen.
2. Er hat die Wiederherstellung der kollektiven Familienehre zum Ziel.
3. Er wird von allen Beteiligten als notwendige Reaktion auf die Verletzung von Verhaltensnormen gerechtfertigt.

Bei Ehrenmorden spielt die Geschlechterkonstellation eine wichtige Rolle: Die typischen Opfer sind unverheiratete junge Frauen oder Ehefrauen, die sich von ihrem Mann trennen wollen bzw. im Verdacht der Untreue stehen. Andererseits nimmt die Verwandtschaft eine zentrale Stellung ein. In einer engen Definition sind Täter und Opfer blutsverwandt: Als Täter kommen Brüder, Onkel, Cousins in Betracht, seltener der eigene Vater. In einer weiten Definition werden auch männliche, nicht blutsverwandte Opfer einbezogen, wenn dadurch die Wiederherstellung der verletzten Familienehre gewährleistet wird. Eine weite Definition hat den Nachteil, dass sich dadurch die Grenze zwischen Ehrenmord und weiteren Tötungsdelikten auflöst. Demgegenüber verliert die enge Definition andere Tötungsdelikte aus dem Blickwinkel. Das Ehrkonzept, das in modernen Gesellschaften archaisch erscheint, ist die Grundlage der Motivation des Täters. Das Ehrkonzept mit dem wesentlichen Merkmal der männlichen Hegemonie und Dominanz führt sowohl für verheiratete als auch für unverheiratete Frauen und Mädchen zu weitreichenden Einschränkungen im Bereich ihrer (sexuellen) Selbstbestimmung. Im Gegensatz zur Ehre des Mannes, die wiederherstellbar ist, hat die Ehre der Frau einen zweiseitigen Charakter: Entweder eine Frau besitzt Ehre oder sie hat ihre Ehre verloren. Eine Rehabilitation sieht das Ehrkonzept für Frauen nicht vor. Bei einem möglichen Verlust der weiblichen Ehre fällt die „Schande" auf das Kollektiv Familie zurück. Die Verpflichtung der Männer, die einerseits darin besteht, auf den Erhalt der Ehre zu achten bzw. diese bei Ehrverletzung wieder herzustellen, legitimiert im extremsten Fall eine Tötung der betroffenen Frau als Akt der familialen Selbstjustiz. Diese ausschließlich männliche Reaktion erfolgt relativ selten, weil zuvor andere Methoden angewandt werden, wie z. B. die Verheiratung der entehrten Frau. Vergewaltigungen, auch wenn sie in der eigenen Familie stattfinden, können zu einem Ehrenmord führen: Entscheidend ist nicht die Schuldfrage, sondern der Verlust der sexuellen Reinheit der Frau. Auf den Männern lastet dadurch ein enormer Druck, der auf die Einhaltung sozialer Normen drängt und zur Tötung der Frau führen kann. Die soziale Verachtung, der die gesamte Familie ausgesetzt ist, trägt nicht selten dazu bei, dass die Taten in der „Öffentlichkeit" vonstatten gehen, um so die Wiederherstellung der Ehre dem gesamten sozialen Umfeld mitzuteilen (vgl. ebd.: 12–36).

Das Tatgeschehen im Fall der Kurdin Hatun Sürücü, der eine bundesweite Debatte über Parallelgesellschaften und Integrationsprobleme ausgelöste, rollen zwei ARD-Autoren im Rahmen einer biografischen Aufarbeitung in Interviews und Begegnungen mit dem Täter und seines sozialen Umfeldes auf. Kurz zur Geschichte (vgl. Deiß/Golle 2011: 9–48): Hatun Sürücü zog mit ihrem fünfjährigen Sohn Imre nach ihrer Scheidung von ihrem Cousin Ismail sowie nach einem kurzen Aufenthalt bei ihrer Ursprungsfamilie in eine Mietwohnung. Sie absolvierte eine Lehre zur Elektroinstallateurin und demonstrierte einen westlichen Lebensstil. Für die Boulevardpresse schien der Fall klar: Die Familie missbilligte den Lebensstil der jungen Frau, weil er zum Verlust der Familienehre führte, woraufhin der älteste Sohn dem jüngsten, 18-jährigen Bruder Ayhan den Mordauftrag erteilte. Dieser lauerte Hatun eines Abends auf und erschoss sie auf offener Straße – ein Familienkomplott, wie später auch die Berliner Staatsanwaltschaft vermutete.

Angesichts der beschriebenen Komplexität des Phänomens „Ehrenmord" und einer häufig medialen Reduktion der Tatmotive auf Probleme mit Ehre und Zwangsheirat möchte ich hier auf situative und kontextbezogene Aspekte eingehen und erläutern, wie sie sich im Zusammenwirken mit Beziehungsdynamiken aufstauen sowie entladen können. Deiß/Goll arbeiteten m. E. in ihrem Buch „Ehrenmord – ein deutsches Schicksal" (vgl. Deiß/Goll 2011: 9–48) diese

Aspekte sorgfältig heraus, wodurch u. a. verdeutlicht wird, wie sie Ayhans Grundhaltung sukzessive festigten: „Mir war klar, dass ich sie töten werde und ich habe niemanden gesehen, der mich davon abhalten könnte. Ich war damals regelrecht besessen“ (ebd.: 9).

Ayhan, der weder schulische noch außerschulische Kontakte zu Deutschen hatte und dem sein streng gläubiger Bruder ein religiöses Vorbild war, übernahm früh erzieherische Aufgaben für seine beiden jüngeren Schwestern mangels Sprachkompetenzen seiner Eltern und aufgrund von längeren Türkei-Aufenthalten seines Vaters. Hierzu äußerte er sich: „Mein Vater wäre nie so lange weggeblieben, wenn nicht ein Mann im Haus gewesen wäre“ (ebd.: 26). Hatuns Sohn schien Ayhan nicht besonders zu stören, weil er ehelich geboren wurde. Vielmehr störte ihn das – aus seiner Sicht – schlechte Vorbild von Hatun auf seine Schwestern: „Ich habe schon immer Wert auf Respekt gelegt und sie war damals einfach respektlos gegenüber anderen“ (ebd.: 26). Auf die Frage, woher die abgrundtiefe Abneigung zu seiner Schwester rührte, antwortete Ayhan: „Es hat sich mit der Zeit einfach in meinem Kopf festgesetzt“ (ebd.: 26). Ayhan erfuhr eine Kränkung, als ihn Hatun zum Geburtstag ihres Sohnes nicht eingeladen hatte, woraufhin er sich zu einem spontanen Besuch entschloss. Aufgrund der Irritation durch die fremden Männer, die er in der Wohnung seiner Schwester angetroffen hatte, beschloß er: „Hatun muss sterben“ (ebd.: 29). Ayhans Abneigung steigerte sich wohl auch dadurch, weil Hatun, die in der Familie immer im Mittelpunkt von Diskussionen stand, an diesen Gesprächen nicht partizipierte, vor allen Dingen aber aufgrund einer zufälligen Begegnung mit einem fremden Mann an der Seite seiner Schwester und weil sie ihm keine Erklärung über das Beziehungsverhältnis gab. Die sexuelle Integrität war für Ayhan zu diesem Zeitpunkt und mit Blick auf die Familienehre von größter Bedeutung.

Am Abend der Tat entschied er sich für einen erneuten spontanen Besuch bei seiner Schwester. Die Pistole, die er sich mehrere Monate vor der Tat besorgt hatte, nahm er mit: „Ich trug die Waffe tagelang mit mir herum, ich wollte eine passende Gelegenheit finden, es zu tun“ (ebd.: 37). Ayhan machte seiner Schwester wiederholt Vorwürfe, jedoch „[…] da die Zeit knapp war, wollte er gehen. Wir wollten das Gespräch aber zu einem Ende führen, und deshalb wollte sie mich zur Bushaltestelle begleiten“ (ebd.: 37). Das Gespräch schaukelte sich weiter und mit gegenseitigen Vorwürfen zu den unterschiedlichen Lebensstilen auf: „Als wir fast bei der Bushaltestelle angekommen waren, wurde unser Streit immer schärfer. Irgendwann hat sie dann den Satz rausgehauen: ‚Ich schlafe mit jedem, den ich will. Das geht dich nichts an!' Und da habe ich einfach nicht mehr nachgedacht. Ich habe ausgeschaltet und …" (ebd.: 38). Nichts an Ayhans vorherigen Äußerungen ließ vermuten, dass es sich um einen Streit auf Leben und Tod handelte. Entgegen Ayhans Auffassung, dass seine Eltern diese Tat gutheißen würden, wurde sie von seinem Vater, der kurz darauf starb, missbilligt. Er hielt ihm vor, er habe nun die Familie endgültig zerstört (vgl. ebd.: 9–48).

5.2.4 Erklärungsansätze

Probleme mit der Ehre des Mannes ergeben sich einerseits im Bereich der Geschlechterverhältnisse und der zugeschriebenen Geschlechterrolle innerhalb ehelicher Gemeinschaften und der damit verbundenen Kontroll- und Grenzziehungsmaßnahmen, andererseits mit der Herkunftsfamilie und der Beziehung zu den Eltern, insbesondere zu den Vätern und den Geschwistern. Der soziale Habitus der männlichen Ehre scheint in der zweiten und dritten Migrationsgeneration nicht mehr bruchlos inkorporierbar (s. Kapitel 5.2.1), was die Suche nach habitueller Übereinstimmung und Sicherheit prekär werden lässt – insbesondere für Jungen und junge Männer.

Analog zu dem historischen Modell von Nisbett / Cohen (s. Kapitel 5.2.2) und der Dunkelfeld-Jugendstudie von Enzmann, Brettfeld und Wetzels (s. Kapitel 4.2.2) kann angenommen werden, dass das Ehrkonzept in hegemonialen Männerkulturen wie in den *peergroups,* in Subkulturen wie dem Männerstrafvollzug und in Gemeinschaften mit niedrigem sozioökonomischen Status eine milieuspezifische Intensivierung und Fortführung in modernen Gesellschaften erfährt. Darüber hinaus findet sich dieses Konzept auch in gesellschaftlich etablierten Männerkulturen moderner Gesellschaften, z. B. in Männerbündnissen der Wirtschaft, Politik und Wissenschaft, die um das Überleben des traditionellen Männlichkeitsbildes und der patriarchal-hegemonialen Rolle fürchten.

In der BRD existieren demzufolge möglicherweise in bestimmten Bereichen Männlichkeitsvorstellungen und -konzepte, die Gewaltausübung als eine legitime Strategie zur Verteidigung von Ehre und als Reaktion auf Selbstwertbedrohungen zulassen.

GLMN scheinen sich demzufolge für Jungen und junge Männer mit traditionellen Männlichkeitsvorstellungen grundsätzlich für die Bewerkstelligung von Männlichkeit zu eignen. Im Streben nach hegemonialer Männlichkeit können damit eigene Autoritäts- und

Imageansprüche innerhalb von geschlechtshomogenen Gruppen wie z. B. in den *peergroups* durchgesetzt und Kohärenz erreicht werden. Obwohl sich traditionell verwurzelte Männlichkeitsvorstellungen transformieren können, wenn es darum geht, sich in einer modernen Konsumgesellschaft zur Partizipationsoptimierung anzupassen, streben besonders Jugendliche der *underclass* nach Teilhabe und nach dem hegemonialen Männlichkeitsbild. Im Druck, die männlichen Handlungsdomänen zu erfüllen, gehen sie zuweilen enorme Lebens- und Kriminalisierungsrisiken ein (s. Kapitel 5.1.1).

Das Modell *Culture of Honor* und GLMN leisten zwar einen substanziellen Beitrag zur Erklärung von Gewalt- und Eigentumsdelinquenz, letztere vor allen Dingen bei männlichen und weiblichen jugendlichen Migranten, die über die Ethnien hinweg „[...] im Kontext von sozialer Benachteiligung und Marginalisierung entstehen" (Enzmann/Brettfeld/Wetzels 2003: 264) können. Jugendliche mit ausgeprägten GLMN finden sich aber auch in der Gruppe der autochthonen Deutschen, bei denen eine erhöhte Gewaltdelinquenz nachweisbar ist (ebd.: 285). Grundsätzlich ist also vor einer kulturalistischen Deutung in Bezug auf eine Zustimmung zu den GLMN zu warnen. Darüber hinaus bleibt unklar, „[...] inwieweit die jugendspezifische Verbundenheit mit einer derartigen ‚Kultur der Ehre' auch tatsächlich eine Hinwendung zu kollektivistischen Orientierungen impliziert [...]" (ebd.: 283), weil sich Zustimmungen zu den GLMN auch aufgrund der in den jeweiligen Sozialisationsinstitutionen vermittelten und angeeigneten Orientierungsmustern und Traditionen ergeben, die unhinterfragt an die folgende Generation weitergegeben werden (vgl. ebd.: 267).

Ehrenmorde demgegenüber sind eine Randerscheinung im Bereich von Gewaltkriminalität und nach wie vor rätselhaft. Die Ursachen von Ehrenmorden in Ländern und Regionen mit Ehrenmord-Tradition sind in einer Kombination von verschiedenen strukturellen und kulturellen Rahmenbedingungen zu betrachten: schwaches staatliches Gewaltmonopol, sozioökonomische Unterentwicklung, Kollektivismus des Familienclans, patriarchale Kontrolle, Dominanz, Hegemonie und Marginalisierung (vgl. Oberwittler/Kasselt 2011: 28–36). Die BKS-Studie bestätigt zwar die Erkenntnisse des Modells *Culture of Honor,* weist jedoch darauf hin, dass in Deutschland, wenn es um Ehrenmorde geht, ausschließlich Migrantengruppen betrachtet werden, die patriarchale und kollektivistische Verhaltensnormen aus armen Regionen nach Deutschland „importiert" haben. Mangels eingehender Studien und der Konzentration der Forschung auf Länder wie der Türkei, auf arabische Staaten und Pakistan, kann insgesamt wenig über dieses Phänomen in der deutschen Migrantensituation ausgesagt werden. Eine Reduktion auf Integrationsbelastungen und Deprivationen wird diesem komplexen Phänomen m. E. keinesfalls gerecht.

Nisbett/Cohen, die den Faktor „Ehre" sowie den Verlust von Ehre als Ursache von Gewalt und als Legitimation für Gewaltausübung höher einschätzen als traditionelle Erklärungen wie z. B. südliches Temperament, Sklaverei, Armut des Südens (vgl. Nisbett/Cohen 1996: 2–4), erwähnen darüber hinaus weitere Aspekte, die in Zusammenhang mit Gewalt stehen können: „Southerners have been alleged, [...], to be more proficient in the arts of war than northerners and to take greater pride in their military prowess" (Nisbett/Cohen 1996: 2), worauf sie jedoch nicht genauer eingehen.

Die Konzepte *doing gender/doing masculinity* und *accomplishing gender*, die zwar Macht- und Dominanzansprüche von (jungen) Männern gegenüber Frauen und zwischen Männern erklären können, vernachlässigen m. E. jedoch individuelle Faktoren sowie extreme Lebens- und Alltagsereignisse, die zu Devianz und Delinquenz führen können.

Wenn der Zusammenhang von Männlichkeit, Männlichkeitsdarstellungen und Gewalt verstanden werden soll, ist es meiner Ansicht nach und angesichts der offenen Fragen notwendig, nach weiteren Ursachenerklärungen zu forschen. Aus diesem Grund wird im Folgenden der Militärkomplex untersucht.

5.3 Militärische Männerkultur

Am Beispiel des Industriellen Werner von Siemens, der seine Karriere beim Militär begann und das dort fachlich Erlernte später in den Dienst der Gesellschaft stellte, werden die Relationen zwischen Militär und Industrie – auf die bereits Max Weber aufmerksam gemacht hat – sichtbar. Zimbardo verweist auf diese Verbindung in Anlehnung an George Orwell: „Der militärisch-industriell-reiligiöse Komplex ist das ultimative Megasystem, das heute einen Großteil der Ressourcen und der Lebensqualität vieler US-Amerikaner kontrolliert" (Zimbardo 2008: 9).

Da das Militär jungen Männern nicht nur fachliche und technische Kompetenzen vermittelt, sondern sie auch dafür ausbildet, „[...] auf Befehl Todesangst und Tötungstabus zu überwinden", erwerben sie auch Tötungskompetenzen, d. h. sie „[...] werden dazu motiviert und befähigt, in entsprechenden Konflikten unter Einsatz ihres Lebens zu töten" (Janshen 2001: 77). Der soldatische Code sorgt für die entsprechende Internalisierung.

Ausdruck der militärischen Kultur ist die Waffe, die hierarchische Dominanz- und Machtsysteme entstehen lässt. Schließlich wird durch Propaganda ein Hassprogramm fabriziert mit dem Ziel, eine zum Feind erklärte Nation zu vernichten. Das dadurch erschaffene Konstrukt – die Illusion des Hasses – ist das „[...] stärkste Motiv des Soldaten, sie lädt sein Gewehr mit der Munition des Hasses und der Angst" (Zimbardo 2008: 9). Abgesehen von den wenigen weiblichen Ausnahmen[75], die in Besitz von Waffen sind, wird das Waffenprivileg und die daraus abgeleitete Macht und Gewaltanfälligkeit als strukturell männlich angesehen, auch weil Frauen, wenn sie in Waffenbesitz sind, keine strukturellen Ansprüche für eine weibliche Elite ableiten. Im Gegensatz dazu bringt sich die männliche Elite wie folgt zum Ausdruck: Wenn ein Soldat im Krieg stirbt, dann ist er ein Held. Wenn Zivilisten bei Kriegswirren sterben, gehören sie zu den Opfern, unabhängig davon, was sie an der Heimatfront geleistet haben. Der Kriegsheld wird zur traditionellen Leitfigur im zivilen Alltag und zum Helden. Er wird in Kinder- und Jugendbüchern, am Arbeitsplatz und bei Abenteuerurlauben vermarktet. Die beim Militär und in Friedenszeiten eingeübten Verhaltensstile, Normen, Drills und Codes dienen jedoch weniger der Produktion von großen Helden, sondern der Überwindung von Todes- und Verstümmelungsängsten. Disziplin als der zentrale Begriff des soldatischen Codes rückt dadurch in den Mittelpunkt. Er gewährleistet die formale Autoritätsstruktur von Ein- und Unterordnung, Gehorsam und Befehlsausführung. Zum soldatischen Code zählen außerdem: Treue, Gehorsam, Tapferkeit, Ritterlichkeit, Ehrlichkeit, Opferbereitschaft und Selbstlosigkeit (vgl. Janshen 2001: 79–82) und m. E. Ehre.

Der beim Militär im Krieg und bei kriegerischen Auseinandersetzungen notwendige autoritäre Führungsstil, der in Extremsituationen (auch bei gefährlichen Polizeieinsätzen und Einsätzen nach kritischen Ereignissen) ein kollektives und strategisches Handeln ermöglicht, gehört m. E. in der Alltags- und Arbeitswelt einer modernen Gesellschaft der Vergangenheit an wie auch der Begriff Disziplin. Was nicht ausschließt, dass sich ein großer Teil der Bevölkerung nach mehr Disziplin und Ordnung sehnt, vor allen Dingen, wenn es um Erziehungs- und Disziplinierungsmaßnahmen bei jugendlichen

75 Polizistinnen, Soldatinnen, Gewalttäterinnen.

(Gewalt-)Tätern geht – wodurch sich diverse auf Drill und Konfrontation aufbauende Anti-Gewalt-Programme durchsetzen können.

Fachliche Kompetenzen, die beim Militär erlernt werden – so kann zusammengefasst werden – können einerseits einer Gesellschaft von industriellem Nutzen sein, so wie es einst bei Werner von Siemens der Fall war. Andererseits entsprechen der Führungsstil und die beim Militär nicht erlernten sozialen und emotionalen Kompetenzen demgegenüber nicht den Verhaltensanforderungen einer modernen und globalisierten Alltags- und Arbeitswelt. Im Gegenteil: Die Übertragung des soldatischen Codes auf das zivile Leben kann zu „[...] Distanziertheit und Empathieverlust" (ebd.: 82) führen. Der Drill und der soldatische Code sollen sich in einer angstbesetzten Kampfsituation bewähren und unkontrollierbaren Verhaltensmustern entgegenwirken. „Die Vorstellung von einer Pluralisierung und Individualisierung der Lebenswelten hat darin so gut wie keinen Raum" (ebd.: 82).

5.3.1 Faszination der Gewalt

Über Gräueltaten von Regierungssoldaten und zivilen Massenmördern wird regelmäßig in den Medien berichtet: über Al-Shabab-Millizien in Somalia, über regierungstreue Milizen, die Frauen und Mädchen vergewaltigen, die aus den Hungergebieten in Süd- und Zentralsomalia fliehen, über Banden- und Drogenchefs wie z. B. den Mexikaner Oscar Osvaldo García Montoya, der 300 Morde begangen und weitere 300 angeordnet haben soll und der über sich selbst sagt, dass er das Töten bei einer militärischen Sondereinheit gelernt hat, über den norwegischen Massenmörder Anders Behring Breivik, dem Psychologen laut Medienberichten eine „Krieger-Männlichkeit"[76] bescheinigt haben, der Mitglied bei den Freimaurern war und der – nach eigenen Angaben – seine Kompetenzen im Umgang mit Waffen im örtlichen Schießverein erworben hat.

Zimbardo verweist bei menschlicher Grausamkeit und zügelloser Gewalt auf Verbrechen an der Menschlichkeit: auf den Völkermord 1915 durch osmanische Türken, auf die Judenvernichtung im Zweiten

76 Als eine Form von hegemonialer Männlichkeit in der Polizei identifiziert Behr die Krieger-Männlichkeit: eine harte Männlichkeit zur Durchsetzung staatlicher Gewalt. Die Hegemonie besteht darin, dass sie Alltagshandlungen und Haltungen der Polizisten kulturell determiniert. Sie zeigt sich in ihrer militärischen Organisierbarkeit und zeichnet sich durch die Bereitschaft und die Fähigkeit zum Kampf aus (vgl. Behr 2008: 91–93).

Weltkrieg, auf die Ermordung von zwanzig Millionen Russen durch Stalin, auf die Ermordung eigener Volksgenossen in Kambodscha durch das kommunistische Regime der Roten Khmer, auf die Tötungen von irakischen Kurden durch Saddam Husseins Ba'ath-Partei, auf die Völkermorde und Vergewaltigungen 1994 in Ruanda und 2006 im Sudan, auf die Misshandlungen an Häftlingen im Abu-Ghraib-Gefängnis 2004, deren Bilder um die Welt gingen (vgl. Zimbardo 2008: 10–12), auf Verbrechen, die zeigen, wie

> „[…] Häftlinge geschlagen, geohrfeigt und getreten werden, wie auf ihre Füße gesprungen wird, wie nackte Gefangene mit einer Haube über dem Kopf gezwungen werden, sich in Stapeln und Pyramiden übereinander zu legen […], während sie fotografiert oder gefilmt werden und weibliche Soldaten sie angrinsen oder anfeuern, […] wie ein Häftling an einer Leine um den Hals umhergezerrt wird und wie Häftlinge durch scharfe Hunde ohne Maulkorb zu Tode geängstigt werden" (Zimbardo 2008: 17).[77]

Der Historiker Neitzel und der Sozialpsychologe Welzer forschen im Bereich männlicher Gewaltwahrnehmung und Tötungsbereitschaft. Im Laufe seiner Recherchen entdeckte Neitzel in den National Archives in Washington D. C. umfangreiches Archivmaterial mit Mentalitätsanalysen u. a. von deutschen Kriegsgefangenen des Zweiten Weltkriegs. Die Materialsammlung umfasst über 100 000 Seiten mit 40 000 Seiten Abhörprotokollen. In eigens eingerichteten Vernehmungszentren wurden von den alliierten *Intelligence* Offizieren deutsche Kriegsgefangene ausgewählt. Das britische *Combined Services Detailed Interrogation Centre* fertigte z. B. von deutschen Gefangenen 16 960 und von italienischen Gefangenen 1943 Abhörprotokolle mit insgesamt 48 000 Seiten auf der Basis von Verhören und standardisierten Fragebögen an. Obwohl die Forscher Zweifel an der Repräsentativität der Materialien und an der Authentizität der Dialoge Zweifel äußern, sind die Bandbreite und die Zusammensetzung der

77 Zimbardos Gefängnisexperiment (s. Kapitel 4.4) erfährt in den realen Situationen mit Gefangenen im Irak eine Bestätigung – auch unabhängig von der Rechtfertigung durch hohe Militärs, welche die sieben Männer und Frauen, die diese bösen Taten begangen hatten, als „[…] bösartige, vereinzelte Soldaten' und ‚einige wenige faule Äpfel'" (Zimbardo 2008: 18) bezeichneten.

Themen der verhörten Soldaten unbenommen beeindruckend (vgl. Neitzel/Welzer 2011: 423–430):

> „Es findet sich praktisch jeder denkbare militärische Lebenslauf wieder, vom Marinekampfschwimmer bis zum Verwaltungsgeneral. Die Männer kämpften im Verlauf des Krieges an allen Fronten, wiesen die unterschiedlichsten politischen Einstellungen auf und gehörten den unterschiedlichsten Einheiten an. Während die Feldpostbriefforschung oftmals nur auf die tendenziell gebildeteren Soldaten zurückgreifen kann – nur sie haben größere Briefsammlungen hinterlassen –, sind hier die Gespräche auch von solchen Frontsoldaten abgebildet, von denen keine anderen Zeugnisse vorliegen" (ebd.: 427 f.).

Nicht nur, dass die alliierten Nachrichtendienste über gezielte Abhörstrategien[78] verfügten und diese einsetzten, „[…] Der Drang, sich dem Kameraden auszutauschen, war offenbar größer als jede Vorsicht" (ebd.: 429). Die Offenheit der Männer war groß, obwohl die eigenen Gefühle ein Tabuthema waren (vgl. ebd.: 429 f.).

Die ungeprüfte Hypothese der historischen und sozialpsychologischen Gewaltforschung, so Neitzel/Welzer, die bislang davon ausgeht, dass die Erfahrung extremer Gewalt zu einer Veränderung in der Einschätzung und im Maß des eigenen Gewaltgebrauchs führt (vgl. ebd.: 83), kann irreführend sein, weil sie den Aspekt der „Faszination der Gewalt" ausblendet und einen Sozialisierungsprozess für gewalttätige Verhaltensweisen voraussetzt. Nach Neitzel/Welzer gibt es gute Gründe zur Annahme, „[…] dass Soldaten von vornherein extrem gewalttätig sind […]" (ebd.: 84), was zahlreiche Erzählungen von Soldaten nach wenigen Tagen im Kriegsgeschehen belegen (vgl. ebd.: 92, 97 ff.), wie z. B. Gespräche zwischen einem Piloten der Luftwaffe und einem Aufklärer, in welchen sich der Pilot zu seiner Lust an der Gewalt äußert:

> „Am zweiten Tag des Polenkrieges musste ich auf einen Bahnhof in Posen Bomben werfen. […] Am dritten Tage war es mir gleichgültig und am vierten Tage hatte ich meine Lust daran. Es war unser Vorfrühstücksvergnügen, einzel-

78 Zur Gesprächslenkung wurden Exilanten und kooperationsbereite Gefangene als Spitzel eingesetzt (vgl. Neitzel/Welzer 2011: 429).

> ne Soldaten mit Maschinengewehren durch die Felder zu jagen und sie dort mit ein paar Kugeln im Kreuz liegen zu lassen" (ebd.: 84).

Auf die Frage, wie sich Menschen verhalten, wenn sie von einem Flugzeug aus beschossen werden, antwortete der Pilot weiter:

> „Sie werden verrückt. Die meisten lagen immer mit den Händen so und gaben das deutsche Zeichen. Rattattatat: Bums, da lagen sie! An sich bestialisch. [Schnitt] Richtig so auf die Fresse, die kriegten die Schüsse alle ins Kreuz und liefen wie wahnsinnig, so Zickzack, in irgendwelche Richtung. So drei Schuss Brandmunition, wenn sie die ins Kreuz hatten, Hände hoch, bums, da lagen sie auf dem Gesicht. Dann habe ich weiter geschossen" (ebd.: 85).

In den Erzählungen und Dialogen, welche die Soldaten über Gewalt, Technik, Vernichtung, Frauen und Führungspersönlichkeiten führten (vgl. ebd.: 83–390) werden Begriffe wie „Tod", „töten" und „sterben" ausgeblendet. Da das Kämpfen – mutmaßen die Forscher – grundsätzlich ein heteronomes Geschehen ist, was entscheidend vom Kampfgeist der Gruppe abhängt, und da Soldaten sich bei Einzelereignissen ihrer Verzweiflung und ihren Ängsten stellen müssten, werden diese und alles, was damit in Zusammenhang gebracht werden könnte, in der soldatischen Männergemeinschaft kommunikativ eliminiert. Demgegenüber werden Wörter wie „umgelegt", „abgeschossen", „alle weg" benutzt, und es wird quantitativ über das Tun und z. B. über die Anzahl von Toten berichtet (vgl. ebd.: 94 f.).

Die Wissenschaftler stoßen bei Ihren Analysen auch auf eine Spaßkomponente, die sich bei erfolgreichen Angriffen einstellt. Gleichzeitig wird auf die fachlichen Kompetenzen im Umgang z. B. mit der „Maschine" sowie auf die eigene Überlegenheit gegenüber den Gegnern hingewiesen. Von vielfältigsten Jadgformen wie z. B. von der Treibjagd berichten die Soldaten in ihren Erzählungen ebenso wie vom ästhetischen Erleben einer Zerstörung (vgl. ebd.: 101–115).

„Das, was die Männer in den Abhörprotokollen erzählen, ist in vielen Aspekten gewiss nicht typisch für die Ausübung von Kriegsverbrechen durch die Wehrmacht, sondern typisch für Kriegsverbrechen überhaupt" (ebd.: 118). In der Dynamik des Kriegsgeschehens verändern sich Bedingungen für den Einsatz von instrumenteller Gewalt – die Eroberung von Räumen, Vergewaltigung von Frauen – und für den Einsatz von autotelischer[79] selbstgenügsamer und sinnloser Gewalt (vgl. ebd.: 118), was zur Entstehung einer Gewaltspirale ungeahnten Ausmaßes führt. Solche Gewalt, die von Männern wie Frauen, Gebildeten wie Ungebildeten, Katholiken, Protestanten oder Muslimen ausgeübt wird, kann nach Neitzel/Welzer ausbrechen, wenn sich Menschen existentiell bedroht fühlen

> „[...] und/oder sich legitim dazu aufgefordert fühlen und/oder darin einen politischen, kulturellen oder religiösen Sinn sehen. Das betrifft nicht nur die Anwendung von Gewalt im Krieg, sondern auch in anderen sozialen Situationen. Deshalb ist die Gewalt, die Wehrmachtsoldaten ausüben, auch nicht ‚nationalsozialistischer' als die Gewalt, die etwa britische oder amerikanische Soldaten anwenden" (ebd.: 421).

Spezifisch nationalsozialistisch ist die intentionale Vernichtung von Menschen wie die Ermordung von Juden und von sowjetischen Kriegsgefangenen (vgl. ebd.: 421).

Angesichts der vielen Opfer, die jeder Krieg fordert, und angesichts der Tatsache, dass Gewalt als soziale Möglichkeit in modernen Gesellschaften nicht verschwunden ist, sollte man – wie Neitzel/Welzer empfehlen – im Rahmen der Gewaltforschung damit aufhören, Gewalt als Abweichung zu definieren und sich stattdessen besser fragen, ob und unter welchen Umständen Menschen vom Töten ablassen können (vgl. ebd.: 422).

5.3.3 Phänomen *appetitive Aggression*

Die Forschungsergebnisse von Neitzel/Welzer werden von der Neuropsychologie bestätigt, und zwar im Rahmen von Forschungen über

79 Reemtsma differenziert drei Typen von personaler, körperbezogener Gewalt: lozierende, raptive und autotelische Gewalt. Die ersten beiden Typen beziehen sich auf die instrumentelle Gewalt: Menschen werden beseitigt, weil sie Hindernisse darstellen oder weil sie etwas haben, was man selbst haben möchte. Autotelische Gewalt tötet um des Tötens willen, sie verfolgt keinen Zweck und steht im Widerspruch zu modernen Gesellschaften (vgl. Neitzel/Welzer 2011: 89).

die menschliche Neigung zu Grausamkeit und zu Gewaltexzessen, wie sie in Konfliktregionen vorkommen. In diesem Zusammenhang ist das Phänomen der „appetitiven Aggression" von Bedeutung (vgl. Elbert/Weierstall/Schauer 2010: 56–61).

Die Neuropsychologen Elbert/Weierstall gehen davon aus, „dass Menschen und insbesondere Männer in der Regel eine biologische Anlage zur Gewaltbereitschaft haben, deren erlernte Hemmung einbrechen kann, so z. B. in Kombination einer Entmenschlichung der Opfer mit Drogengebrauch" (Weierstall/Elbert 2011: 2) und in Situationen, in denen Überlebensressourcen knapp werden (s. o.). Auf die Frage: „Why are savagery and violence so omnipresent among humans?" (Elbert/Weierstall/Schauer 2010: 56) antworten die Forscher: „We suggest that hunting behaviour is fascinating and attractive, a desire that makes temporary deprivation from physical needs, pain, sweat, blood and, ultimately, the willingness to kill tolerable and even appetitive" (ebd.: 56). Sie beziehen sich auf die evolutionsbiologische Entwicklung des menschlichen Jagdverhaltens, bei der sich erfolgreiche Jagdstrategien und Kontrollmechanismen entwickeln konnten. Durch die Möglichkeit einer selektiv intraspezifischen Tötung, welche die biologische Anthropologie dem Menschen nahelegt, wird das „Jagdverhalten gegenüber Mitgliedern der so genannten *in-group* [...] gehemmt, während es ungehemmt gegenüber Mitgliedern der *out-group* gezeigt werden kann, insbesondere dann, wenn ein Wettbewerb um Ressourcen besteht" (Weierstall/Elbert 2011:3). Das menschliche Jagdverhalten, das durch die langfristig planbare Tötung von Artgenossen geprägt ist und sich von dem eines Raubtieres unterscheidet, ist insbesondere für Männer „[...] more rarely for women, [...] fascinating and emotionally arousing [...]" (Elbert/Weierstall/Schauer 2010: 56).

Mit Blick auf den heterogen diskutierten Aggressionsbegriff[80], besonders auf die mangelnde Erforschung seines „appetitiven" Aspekts und der Annahme, dass der Aggressionsbegriff insgesamt bei der

80 Brandes berichtet z. B. aus seiner psychotherapeutischen Praxis, dass die individuelle Aggressionsneigung stark mit den jeweiligen Opfererfahrungen zusammenhängt und dass der Aggressionsgrad mit dem Grad der Viktimisierung korrespondiert. Die Aggressionsneigung hängt mit den jeweiligen Besonderheiten der Biografie und der Sozialisation zusammen. Es sind stereotype Denkweisen, die einen erhöhten Testosteron-Spiegel für ein erhöhtes männliches aggressives Verhalten verantwortlich machen (vgl. Brandes 2001: 120–126). Bandura spricht von einem Begriffskomplex, bei dem die destruktiven Verhaltensweisen bestimmt werden müssen und resümiert, dass Aggression Delinquenz fördert (s. Kapitel 3).

Bewertung von schweren Gewalt- und Tötungsdelikten fragil wird, vor allem dann, wenn menschlichem Verhalten ein Krankheitswert zugemessen wird, definieren die Forscher den Begriff „appetitive Aggression" „[...] als jene Form von Gewalttaten, bei denen die vornehmlich körperliche Schädigung des Opfers Ziel der Handlung ist und mit einem appetitiven Erleben einhergeht, unabhängig von auslösenden Faktoren und sekundären Verstärkern" (Weierstall/Elbert 2011: 4 f.). Ihr Gewaltbegriff bezieht sich somit hauptsächlich auf die direkte personale und körperbezogene Gewalt. Dem Begriff werden darüber hinaus „[...] das positiv valente und affektiv erregende Erleben bei dem Ausmalen einer Tat, wie es bei dem Planen einer solchen auftreten kann [...]" (ebd.: 5, vgl. Katz 1988: 310) sowie eine moralische Bewertung durch Gruppenmitglieder zugeschrieben. Der appetitive Aspekt führt zu einer Unterscheidung von reaktiver und instrumenteller Aggression: „The reactive-impulsive form is known to women and men alike" (Elbert/Weierstall/Schauer 2010: 59) – im Gegensatz zur appetitiven, kontrolliert instrumentellen Aggression, bei der es sich um eine geplante, zielorientierte Aggression handelt. Wie die Forscher vermuten, ist diese Art von Aggression „[...] motivated out of itself from hunt and power [...]" und für Männer appetitiv und faszinierend zugleich (ebd.: 59).[81]

Theoretisch führen die Forscher das Phänomen „appetitive Aggression" auf ein determiniertes und in der Kindheit ausgelebtes Jagdverhalten zurück, das appetitiv-aggressive Züge enthält und durch Sozialisationsinstanzen und die wechselseitige Entwicklung des Sozialcharakters gehemmt und gesteuert wird.

Demgegenüber kommt es in Kriegen und kriegerischen Auseinandersetzungen zu einer Enthemmung appetitiver Aggression und in der Folge zu einer kulturellen Legitimation für Gewaltanwendung. In Genoziden wie in Ruanda stehen z. B. die systematische Entmenschlichung und eine deutliche Grenzziehung zwischen *in-* und *outgroup* am Anfang von Massengewalt. Kinder, bei denen dadurch Gewalthandlungen selektiv verstärkt und Tötungshemmungen abgebaut werden, sind im Spannungsfeld von Täterschaft und Opferwer-

81 Für Jungen und Männer im Streben nach hegemonialer Männlichkeit und im Prozess von accomplishing gender könnte appetitive Aggression und die dadurch entfesselbare direkte Gewaltausübung demzufolge eine Art „innerer Motor" zur Durchsetzung ihrer Dominanz-, Macht- und Autoritätsansprüche sein. Die männliche libido dominandi (s. Kapitel 2.2.2), von dem ein Mann nach Bourdieu nie ganz frei ist, käme in diesem Prozess als unterstützender Faktor hinzu.

dung extremen Belastungen ausgesetzt. Die Wissenschaftler belegen ihre theoretischen Annahmen mit ethnologischen Studien u. a. über die Yanomami-Indianer im Amazonasgebiet, die zeigen, „[...] dass 44 Prozent der Männer über 25 Jahre sich an Tötungsdelikten beteiligt haben und dass ungefähr jeder dritte Mann eines gewaltsamen Todes sterben musste" (Weierstall/Elbert 2011: 6).

Die Forschungsergebnisse über appetitive Aggression gehen auf Stichprobenuntersuchungen mit insgesamt über 1600 Probanden aus neun verschiedenen Regionen zurück. Dafür wurde eigens eine „Appetitive Aggressions-Skala" entwickelt, in deren Rahmen strukturierte Interviews u. a. bei demobilisierten Kombattanten in Kolumbien, ehemaligen Kindersoldaten in Nord-Uganda und Genozidtätern in Ruanda durchgeführt und ausgewertet wurden. Die validierte Skala differenziert geschlechtsspezifisch und besteht aus 15 Items mit je drei Antwortmöglichkeiten: *agree, neither/nor, disagree* zu Fragen wie *Once fighting has started, do you get carried away by the violence? Do you like to listen to other people telling you stories of how they killed others? Can attacking humans be sexually arousing for you? When you fight, do you stopp caring about whether you could be killed?* (vgl. Weierstall et al. 2011: 4).

Die Forscher konnten nachweisen, „[...] dass sich das Phänomen der appetitiven Aggression von anderen Formen menschlicher Aggression, besonders von der reaktiven Aggression[82] unterscheidet und folglich ein eigenständiges Konstrukt darstellt" (Weierstall/Elbert 2011: 7).

Im Vordergrund von Gewalthandlungen bei kriegerischen Auseinandersetzungen – so zeigen die Untersuchungen – steht häufig das appetitive bzw. lustvolle Erleben von Gewalt (s. Kapitel 5.3.1) in Verbindung mit der sozialen Lage und nicht – wie häufig vermutet – mit Hintergrundfaktoren oder mit antizipierten sekundären Verstärkern. Zur Prüfung der Funktion appetitiver Aggression wurde neben dem Ausprägungsgrad auch die Schwere der posttraumatischen Belastungsstörung (PTBS) erhoben: Dabei „[...] zeigte sich konsistent, dass das Risiko für die Entwicklung einer PTBS bei den Kombattanten geringer war, die eine höhere appetitive Aggression berichteten" (Weierstall/Elbert 2011: 8). Dadurch bestätigt sich die Annahme, dass ein eskalierender Gewaltzyklus nicht entstehen kann, wenn die Täter leicht zu traumatisieren gewesen wären. Im Übrigen

82 Eine reaktive Aggression ist eine defensive Aggression, bei der sich eine Person beispielsweise in einer Bedrohungssituation zur Wehr setzt (vgl. Weierstall/Elbert 2011: 4).

weisen die Auswertungen darauf hin, „dass appetitive Aggression zu einer veränderten Verarbeitung von Gewaltreizen führt" (ebd.: 8).

Mit Blick auf eine Übertragung des Phänomens appetitive Aggression auf zivile und moderne Gesellschaften und der Möglichkeit des Erlebens von appetitiver Aggression weisen Weierstall/Elbert einerseits auf die Möglichkeit ihrer Verstärkung durch Gewaltdarstellungen in den Medien und gewaltverherrlichende Computerspiele hin, bei denen das biologische Jagdverhalten „ausgelebt" werden kann, andererseits auf einen sensationsorientierten betriebenen Katastrophenjournalismus in Krisenregionen, der zu Fehleinschätzungen bei der einheimischen Bevölkerung führen kann wie etwa, „[...] dass die Täter psychisch krank sein müssten" (ebd.: 9).

Die Forscher, die aggressives Verhalten im Sinne einer psychischen Störung von aggressivem Verhalten unterscheiden, das in gewaltoffenen Räumen entstehen und auf appetitive Aggression zurückgeführt werden kann – einer Aggression also, der keine psychische Störung zugrunde liegt –, bezweifeln insofern, dass schwere Gewalt- und Tötungsdelikte mit Verdacht auf verminderte Schuldfähigkeit nach den §§ 20 bzw. 21 des StGBs, wonach die Einweisung in eine forensische Psychiatrie erfolgt, ausschließlich auf psychische Störung(en) wie z. B. auf eine antisoziale Persönlichkeitsstörung zurückgeführt werden können. Schon bei Delikten unter Alkoholeinfluss muss der Einfluss appetitiver Aggression anders bewertet werden, nämlich dass der Alkoholkonsum die appetitive Aggression nicht verstärkt, sondern die individuelle normative Kontrolle vermindert. Demzufolge „[...] ist nicht die biologische Prädisposition zur appetitiven Aggression pathologisch, sondern das aktive Herabsetzen der Hemmung" (ebd.: 10).

Aufgrund traditioneller Bewertungen und Erklärungsroutinen bei schwerer Gewaltkriminalität und bei Tötungsdelikten überraschen die hohen Raten von als antisozial bewerteten Persönlichkeitsstörungen im Strafvollzug nicht. Das StGB ignoriert – wie Weierstall/Elbert feststellen – einerseits die Funktionalität von Verhaltensweisen bzw. die positive Verstärkung durch appetitive Aggression. Auf der Basis ihrer Forschungsergebnisse plädieren Weierstall/Elbert für eine Eliminierung des Begriffs „antisoziale Persönlichkeitsstörung" und bevorzugen stattdessen den Terminus „Sozialisationsstörung", weil die männliche Neigung zu appetitiv-aggressiven Verhaltensweisen als nicht-pathologisch zu bewerten ist.

Die Studien über appetitive Aggression zeigen insgesamt:

1. Appetitive Aggression ist ein zentrales Element von Massengewalt.
2. Sie ist ein Produkt der Evolution, damit funktional und kein abnormales, maladaptiv-krankhaftes Phänomen.
3. Sie ist primär und bei sozialem Aufstieg in der Gruppenhierarchie sekundär verstärkend.
4. Sie ermöglicht eine Adaption an eine gewalttätige Umgebung.

Dadurch ist eine Moralerziehung im Umgang mit Konfliktsituationen für Kombattanten ungeeignet, weil sich in diesem Rahmen das appetitive Erleben nicht verändert und weiterhin das „soziale Leben" dominiert (vgl. ebd.: 2–14).

5.3.4 Erklärungsansätze

Die Mentalitätsanalysen von Neitzel/Welzer sowie das neuropsychologische Phänomen der appetitive Aggression befruchten, wie ich meine, u. a. kriminalsoziologische Erklärungsansätze durch die „Faszination Gewalt", welche sie im männlichen Geschlecht als von vorneherein gegeben nachweisen. Da bei kriegerischen Auseinandersetzungen häufig das appetitive bzw. lustvolle Erleben der Gewalt im Vordergrund der männlichen Gewalthandlung steht – und nicht Hintergrundfaktoren oder antizipierte sekundäre Verstärker –, bestehen nach meinem Empfinden Verbindungsmöglichkeiten insbesondere zum Ansatz von Katz, der empfiehlt, vor allem im Rahmen der „gelebten Erfahrung" nach Ursachen und Erklärungen von Kriminalität zu forschen (s. Kapitel 4.4). Diese gilt es zu analysieren, bevor man sich mit Hintergrundfaktoren (Biografie, Kultur, Ethnie, Klasse usw.) von Kriminalität beschäftigt. Obwohl sich Katz auf Beziehungsdynamiken bzw. interpersonale (Stress-)Dynamiken bezieht[83], scheint mir das Phänomen appetitive Aggression im Zusammenspiel mit interpersonalen situativen und kontextbezogenen Ansätzen und Konzepten als Erklärungsergänzung bei (schwerer) Gewaltkriminalität weiterführend zu sein. Auch kann dieses Phänomen nach meinem Dafürhalten in modernen Gesellschaften wirken bzw. zum Ausbruch kommen, weil auch in diesen – wie Neitzel/Welzer ausfüh-

83 Siehe hierzu u.a. Böhnisch, Connell, Agnew, Meuser.

ren und wie dargestellt wurde – (schwere) Gewaltkriminalität nicht verschwunden ist. Dessen ungeachtet sind bei extremer Gewalt m. E. auch die von Hearn/Morgan beschriebenen Konflikte in patriarchalen Herrschaftssystemen in Mikro- und Makrowelten zu erwähnen, die zwischen Familien- und Bündnispartnern genauso belastend sind wie zwischen den Kulturen und Staaten.

Zusammenfassend: Erklärungsversuche, die regellose Gewalt ausschließlich im Zusammenwirken von situativen und intentionalen[84] Faktoren sehen, sind für Neitzel / Welzer einseitig, weil sie die Haltung des einzelnen nicht untersuchen: „Was war für ihn ein Kriegsverbrechen, und welche Kriegsregeln waren in seinem Referenzrahmen verankert?" (Neitzel/Welzer 2011: 117) Bei kriegerischen Auseinandersetzungen kann es zu einer „Entzivilisierung" des aggressiven Potenzials, besonders zu einer Entfesselung der männlichen Faszination an der Gewalt kommen, die zu einer Gewaltspirale ungeahnten Ausmaßes führen kann. Mit anderen Worten: „Der Krieg an sich eröffnet einen sozialen Raum, der auf ganz andere Weise gewaltoffen ist als der Frieden; Gewalt wird hier erwartbarer, akzeptabler, normaler als unter Bedingungen des Friedens" (Neitzel / Welzer 2011: 118). Im Krieg herrscht autotelische, d. h. sinnlose Gewalt, die geschlechts-, kultur-, alters-, religions- und bildungsübergreifend ist. Diese Gewalt kann dann ausbrechen, wenn sich Menschen in existenzieller Not und Unruhe befinden, wenn sie zu Gewalt aufgefordert werden und / oder wenn sie einen religiösen oder kulturellen Sinn im Krieg sehen. Über Jahrhunderte hinweg internalisierte Normen zur Affektkontrolle können unter diesen Umständen einbrechen und eine pure – überwiegend männliche – Lust an der Gewalt entfesseln. Die Annahme, dass z. B. Soldaten oder Rebellen in kriegerischen Auseinandersetzungen grundsätzlich dem Risiko einer posttraumatischen Belastungsstörung ausgesetzt sind, wird – wie ich es verstehe – durch das Phänomen der appetitven Aggression brüchig und bedarf einer grundlegenden (strafrechtlichen und rechtsstaatlichen) Reflexion in Bezug auf Ursachenzuschreibungen bei schwerer Gewaltkriminalität, bei Tötungsdelikten, aber auch bei Verbrechen gegen die Menschlichkeit. Beim Militär trainieren junge Männer u. a. ihre Tötungskompetenzen. Das Waffenprivileg, der soldatische Code sichern ihnen darüber hinaus eine Vorherrschaft in einer geschlechtsungleichen Kultur. Die „Männerkultur Militär" – ein Reproduktionsort hegemonialer Männlichkeit – vermittelt Kompetenzen, die m. E. in eine Zivilgesellschaft übertra-

84 Damit könnten m. E. – entsprechend Galtungs Gewaltbegriff – kulturelle Faktoren, also Haltungen und Ideologien, gemeint sein.

gen werden können. Das historische Modell *Culture of Honor* verweist – wenn auch zurückhaltend – auf eine mögliche diesbezügliche Übertragung, d. h. auf die Übertragung von „erworbenen Tötungskompetenzen" eines militärischen Habitus in einer gesellschaftlichen Überlebenssituation.

Singulär auftretende Massenmörder in modernen Gesellschaften, die mitunter ihre Waffenkompetenz in Männerkulturen wie beim Militär, in Schützenvereinen oder auch autodidaktisch erworben haben, verdeutlichen diesen Umstand. Am Kriegsbild des Mannes, das variantenreich in (modernen) Gesellschaften medial vermarktet wird, lässt sich m. E. das Streben nach hegemonialer Männlichkeit sowie die gespaltene Einstellung moderner Gesellschaften gegenüber männlicher Aggression und Gewalt nachvollziehen: ein Kriegsbild, das einerseits zwar Kontrolle einfordert, andererseits eine lustvolle und unbeherrschte Gewaltausübung demonstriert, ja sogar favorisiert (vgl. Brandes 2001: 122) und darüber hinaus verdeutlicht, dass sich eine normative Definition von Männlichkeit einschränkend auf die männliche Entwicklung und den männlichen Veränderungsprozess auswirkt.

6. Männlichkeit und Veränderung

Auf der Suche nach dem Ursprünglichen und bei der Frage nach der männlichen Identität werden Männer unsicherer, weil selbstsichere Frauen immer mehr das beherrschen, was als typisch männlich galt: Sie verfügen über ein Rüstzeug männlicher Dominanz und fordern Männer heraus, sich kontinuierlich anzupassen und Kompromisse einzugehen. Autonome Frauen machen Angst: Häufig haben sie die besseren Abschlüsse, sind ehrgeiziger und befinden sich in direkter Konkurrenz zu Männern sowie im Wettbewerb mit ihnen. Mit der weiblichen Übermacht im Nacken geraten Männer zunehmend unter Druck und sind aufgefordert, sich neu zu orientieren bzw. sich zu verändern.

Über veränderte Männlichkeiten im Zusammenhang mit sozialer Lebenslage und sozialem Milieu existieren zahlreiche Interpretationen, die m. E. darauf hinweisen, dass die Thematik „Männlichkeit und Veränderung" an Bedeutung gewinnt. Dies wohl auch deshalb, weil das Bild der männlichen Täterschaft in der wissenschaftlichen Diskussion die Thematik einer potenziellen Opferwerdung dominiert und Gedanken an eine potentielle Opferwerdung des Mannes dadurch geradezu abwegig erscheinen. Mit anderen Worten: „[...] Männern ist es in unserer Gesellschaft verwehrt, darauf zu insistieren, dass sie Opfer sind" (Böhnisch 2003: 142). Deutlich wird dies am Beispiel des sexuellen Missbrauchs von Jungen und den damit verbundenen sozialen und kulturellen Schwierigkeiten, wodurch ein prekäres Dunkelfeld entstanden ist (s. Kapitel 4.2.4). Männer sind demnach hinsichtlich ihres Opferschicksals sich selbst überlassen, weil ein Opferstatus weder zum Hegemoniekonzept noch zu einer Wachstumsgesellschaft passt (vgl. Böhnisch 2003: 143).

Männliche Veränderung in Bezug auf egalitäre Geschlechterverhältnisse, Emotionalität und Vulnerabilität birgt die Gefahr eines Dominanz-, Macht- und Ansehensverlustes. Ein Veränderungsprozess setzt Reflexionsbereitschaft voraus – was Zulehner/Volz bestätigen (s. Kapitel 1.3) –, wenn man sich tradierter männlicher Bewältigungsprinzipien und Lebenswelten bewusst werden und sich Handlungskompetenzen im Umgang mit Stress, Frustrationen und Konflikten erarbeiten will. Damit wird deutlich, dass dieser Prozess nicht von heute auf morgen stattfinden kann.

Abgesehen davon stellen sich für mich bei diesem Komplex folgende grundsätzliche Fragen: Sind Männer bereit, sich zu verändern und in welche Richtung sollen sie sich verändern? Wenn ja, wird diese Veränderung angestoßen durch gezielte erzieherische, soziale und politische Maßnahmen, durch veränderte gesellschaftliche Strukturen oder durch einen jeweils individuellen, unsichtbaren innerpsychischen Entwicklungsprozess? Die Entfaltung des Geschlechts im Sinne einer veränderten Männlichkeit hängt für Böhnisch von den gesellschaftlichen Bewältigungsspielräumen ab, die in einer heterosexuellen Reproduktionsstruktur zugelassen bzw. eröffnet werden (vgl. Böhnisch 2003: 22). Für Bourdieu sind hierfür Bildungsinstitutionen entscheidend, die für die Reproduktion des Unterschieds zwischen den Geschlechtern maßgeblich zuständig sind. Hier werden Spielräume geschaffen, wo traditionelle Geschlechtskonzepte in Frage gestellt werden können (vgl. Bourdieu 1998: 155 f.).[85] Connell sieht zwar im sozialen Wandel und in der zunehmenden Komplexität von Geschlechterbeziehungen die unaufhaltbare Veränderung von Männlichkeit[86], was jedoch zu einer verstärkten Kohärenz unter Männern führen wird, zur Verteidigung der patriarchalen Dividende, zum Erhalt der alten Gesellschaftsordnung und was m. E. auch aufgrund fortschreitender Marginalisierungen anomische Zustände begünstigen kann (s. Kapitel 4.3.2). In traditionell männlich geprägten Domänen wie z. B. in militärischen und industriellen Komplexen kann es nach Connell darüber hinaus zu Verteidigungsszenarien kommen (vgl. Connell 1999: 219, 223, 233–237). Böhnisch prognostiziert trotz ambivalenter Konstellationen im Geschlechterverhältnis, die sich aus der gesellschaftlichen Übergangsphase ergeben, den Fortbestand des geschlechtshierarchischen Grundmodells, wobei nicht klar ist, wer zu den Verlierern und wer zu den Gewinnern zählt. Das Weibliche scheint jedoch für ihn stabiler zu sein (vgl. Böhnisch 2003: 40 f.).

Wie sieht es nun aber tatsächlich mit der männlichen „Lust" zur Veränderung aus? Aktuelle Männerdiskurse zeigen, „[...] dass Jungen und Männer gar nicht so euphorisch im Aufbruch sind, dass sie im Gegenteil eine Menge ‚eigener' komplexer und in sich widersprüch-

85 Seit September 2011 gibt es z. B. in Frankreich Biologiebücher für die Jahrgangsstufe 10 an Gymnasien, die den Gender-Ansatz propagieren. Damit wird zum ersten Mal die sexuelle Identität des Menschen als kulturelles Konstrukt dargestellt. Konservative Abgeordnete protestierten und forderten vom Bildungsminister, die neuen Biologiebücher aus den Schulen zu nehmen, wie verschiedene Tageszeitungen berichteten.

86 Als Handlungsfelder sieht Connell auf politischer Ebene z. B. die Bereiche der Gleichstellung von Mann und Frau und gleiche Rechte für marginalisierte Gruppen wie Homosexuelle (vgl. Connell 1999: 257 ff.).

licher Bewältigungsprobleme haben, mit denen sie sich [...] auseinandersetzen müssen" (Böhnisch 2004: 8). Auf der anderen Seite ist ein Aufflammen traditioneller und regressiver Männlichkeit innerhalb nationalistischer Strömungen in modernen Gesellschaften bemerkbar: Der „neue Mann" scheint ein Mythos zu sein (vgl. Böhnisch 2003: 31), und wenn er sich zeigt, dann im Bereich von marginalisierten Männlichkeiten (vgl. Pech 2002: 164). Meuser bestätigt diese Haltung: In seinen Studien zeigt er auf, dass die Macht des Habitus groß ist, dass von einem zwingenden männlichen Umbruchprozess nicht gesprochen werden kann sowie dass dies häufig bei einer rhetorischen Veränderung bleibt (vgl. Meuser 2010: 311–317). Zulehner / Volz gehen von 20 Prozent sogenannter „neuen Männer" in der Bundesrepublik aus. 37 Prozent der untersuchten Männer gehören zur Gruppe der „Unsicheren",19 Prozent zu den „Traditionellen" und 25 Prozent zu den „Pragmatischen". Zulehner / Volz stellen fest, dass es erheblich mehr „neue Frauen" gibt, wobei sie es unterlassen, den Begriff „neue Männlichkeit" zu definieren (vgl. Zulehner / Volz 1999: 52). Connell sieht die männliche Veränderungsresistenz besonders bei jenen Männern verankert, die eine konservative sexuelle Ideologie vertreten und „[...] die von der traditionellen Arbeitsteilung und der Ehe als Institution" geprägt sind (Connell 1999: 198).

Da die Problematik der männlichen Gewalt gegen sich selbst, gegen Frauen und zwischen Männern Bestandteil des öffentlichen Diskurses geworden ist, geht Pech dem Fragenkomplex nach, ob „neue Männer" über erweiterte Handlungskompetenzen verfügen, mit denen sich die Verknüpfung von Männlichkeit und Gewalt aufheben bzw. entlasten ließe (vgl Pech 2002: 11).[87] Den Zugewinn bei Männern sieht Pech auf der subjektiven Seite, z. B. im Bereich der Emotionalität, die den Männern für die Entfaltung ihrer Möglichkeiten bislang verwehrt geblieben ist (vgl. Pech 2002: 65, s. o.), vor der sie sich m. E. aber auch fürchten, weil dies ein Innehalten, ein In-sich-gehen-Müssen voraussetzt. Durch das Ausschöpfen neuer Kompetenzbereiche können Männer vielleicht nach und nach aus der Zwangsjacke des tra-

87 Pechs Forschungsprojekt „Biografische Rekonstruktion nichtstereotyper männlicher Sozialisationsprozesse" an der Universität Oldenburg von Juni 1999 bis Mai 2001 fand auf der Basis der Analyse biografischer männlicher Lebensentwürfe statt, die sich von tradierten unterscheiden. Dadurch wurden Handlungsperspektiven für eine emanzipierte Jungenarbeit entwickelt. Insgesamt wurden 17 narrative Interviews nach Fritz Schütze durchgeführt (vgl. Pech 2002: 170).

ditionellen Mannseins schlüpfen und neue Bewältigungsprinzipien entwickeln, ohne dabei Stärke und Kraft einzubüßen.

Aus der Psychologie ist bekannt, dass es besser ist, sich in kleinen Schritten zu verändern, weil abrupte und ungestüme Veränderungen häufig bekannte und einstudierte Verhaltensmuster außer Kraft setzen und kritische Vorfälle wie z. B. Gewalthandlungen verursachen können. In jedem Fall ist ein Veränderungsprozess nicht einfach: Wer sich verändern will, lebt oft und für lange Zeit im Niemandsland zwischen dem „Nicht mehr" und dem „Noch nicht". Dies ist ein Zustand, der nicht leicht auszuhalten ist (vgl. Keller 1999: 17 ff.). Der französische Schriftsteller Anatole France schreibt hierzu: „Allen Veränderungen, selbst jenen, die wir ersehnt haben, haftet etwas Melancholisches an; denn wir lassen einen Teil von uns selbst zurück; wir müssen ein Leben sterben, ehe wir ein anderes beginnen können" (Ciaromicoli/Peschel 2001: 145).

Neue Perspektiven auf Männlichkeit und Weiblichkeit werden mit Stereotypisierungen und Etikettierungen kaum eröffnet. Wohl aber wird deutlich, dass die alten Geschlechtsrollen – somit das Geschlechtsrollenmodell – nicht mehr selbstverständlich reproduziert werden können. Das in der Zeitschrift Men's Health transportierte Wissen über „Männer" konstituiert gewissermaßen eine ‚aufgeklärte' hegemoniale Männlichkeit[88], die als modernisiert zu bezeichnen ist, da sie zur (begrenzten) Selbstreflexion fähig ist, die aber gleichzeitig die hegemoniale Position des Mannes in der Geschlechterordnung bekräftigt, indem die Selbstreflexion nicht kritisch gegen sie gewendet wird (vgl. Meuser 2001: 233 f.). Für Böhnisch findet letztendlich die Transformation des Mann-Seins in der Entgrenzung von Weiblichkeit, aber auch in der Entgrenzung von Männlichkeit zu einer Neuorientierung.

88 In den Porträts von den „ganzen Kerlen" werden zwar Elemente stereotyper Männlichkeit entsprechend Blys wildem Mann transportiert, jedoch sind mitunter auch Handlungsbereiche eingeschlossen, die nicht zur männlichen Domäne gehören, wie z. B. prosoziales Handeln in Non-Profit-Organisationen. Obwohl die Männer unter sich bleiben, drücken sie aus, dass es ihnen nicht mehr ausreicht, „[...] allein die Rolle der ‚good provider' zu erfüllen" (Meuser 2001: 231).

Resümee

Männerforschung muss sich mit dem Paradox auseinanderzusetzen, dass trotz der patriarchalen Dividende Männer mehrfach gefährdet sind hinsichtlich Täterschaft, Opferwerdung, Suizidhandlung, Vereinsamung und niedriger Lebensdauer. Männlichkeit, Männlichkeitsdarstellungen, männliche Sozialisation, aber auch männliche Gewalt bilden in der Männerforschung einen Schwerpunkt – im Gegensatz zum männlichen Spannungsfeld von Täterschaft und Opferwerdung. Hierbei ist das soziologische Konzept der hegemonialen Männlichkeit von Connell, die Männlichkeit in den sozialen Beziehungen und Interaktionen verankert, wegweisend, obwohl darin die hegemoniale Weiblichkeit, das biologische Geschlecht und Opfererfahrungen vernachlässigt werden. Abgesehen davon und von der Schwierigkeit, das Begriffsfeld zu präzisieren, erfährt das Konzept aufgrund Connells Haltung, es als einen kulturellen Rahmen von Argumenten und Einsichten über Zusammenhänge und individuelle Erfahrungen zu betrachten, eine breite wissenschaftliche Akzeptanz. In westlichen Gesellschaften verbinden sich mit dem hegemonialen Ideal Männlichkeiten von weißen, gebildeten Mittelschichtlern, denen es gelingt, dieses Leitbild zu verwirklichen – im Unterschied zu den untergeordneten, marginalisierten Männlichkeiten, die dadurch eine soziokulturelle Stigmatisierung (z. B. als türkisch, proletarisch oder schwul) erfahren und in Abgrenzung von den komplizenhaften Männlichkeiten, die sich nicht dem Risiko der Frontlinie aussetzen, wobei sich perfekte Verkörperungen von hegemonialer Männlichkeit auch im Bereich der untergeordneten Männlichkeiten finden lassen. Im Mittelpunkt des Connell'schen Konzept steht das Handeln, und ein wesentliches Merkmal ist die Zwangsheterosexualität, die Beziehungsmuster strukturiert und die für Abhängigkeiten und Unterordnungsrelationen sorgt. *Peergroups* reproduzieren hegemoniale Männlichkeit. Sie sind eine Stütze für die Verfestigung und Inkorporation des Leitbildes in späteren homosozialen Männerbündnissen und -kulturen.

Beide Geschlechter verfügen über einen Habitus, der sich in einer Heterogenität von Handlungen, Einstellungen und Attributen manifestiert und wodurch sich unterschiedliche Ausprägungen von Femininität und Maskulinität ergeben. Sozialisationsinstanzen und Lebenswelten sind für die Entstehung und für die Verortung des geschlechtlichen Habitus zuständig. Im Gegensatz zum traditionellen Geschlechtsrollenmodell, das soziale und kulturelle Einflüsse zur

Entstehung von Männlichkeit ausblendet und zu reduktionistischen, stereotypen und geschlechtsexklusiven Zuschreibungen führt[89], betrachten sozialwissenschaftliche Männerdiskurse Geschlecht als eine Verschmelzung von sozialen Zuschreibungen und Erwartungen und somit als eine soziale Konstruktion, wodurch patriarchale und traditionelle Rollenkonzepte an Bedeutung verlieren und das vergeschlechtlichte Leben in den Mittelpunkt rückt. Aus dieser Perspektive entsteht das soziale Geschlecht *(gender)* durch soziale Interaktionen *(gender relations)*, die kulturelle Systeme hervorbringen. Somit sind soziale Beziehungen zu untersuchen, wenn es darum geht, die Dimensionen von Männlichkeit, männlicher Täterschaft und Opferschaft zu erkennen, die – wie es in dieser Arbeit versucht wurde herauszuarbeiten – von vielen Faktoren und sozialen Bezügen abhängt. Im *doing masculinity* – eine Sache zwischen Männern – können Straftaten begangen werden. Hier stellen sich vielfältigste Männlichkeitsausprägungen dar in Form von Hypermaskulinität, prosozialem Handeln, physischer Gewalt usw. Gewalt kann z. B. in Gruppenkonflikten dazu dienen, sich der eigenen Männlichkeit zu versichern und diese zu demonstrieren. Das Zimbardo-Experiment macht dies u. a. deutlich und zeigt auf, wie situations- und kontextbezogene Kräfte in Beziehungsdynamiken zusammenwirken und dadurch Persönlichkeitsveränderungen verursachen – vor allem in unbekannten Situationen, in denen alte Gewohnheiten und erlernte Fähigkeiten nicht weiterhelfen. Das Milgram-Experiment verdeutlicht die situationsbedingte Verpflichtung, die Menschen aus Autoritätsgläubigkeit eingehen, und in der Männerstudie tritt deutlich hervor, dass Beziehungsgewalt auf situative Konfliktgewalt zurückzuführen ist.

Auch wenn erbbiologische Determinanten, sozioökonomische und individuelle Faktoren ein gewisses Gewicht haben, werden sie häufig überschätzt, und situative Einflüsse werden unterschätzt – doch diese sind zweifellos wichtig, weil sich alle Menschen in dynamischen Interaktionen befinden. So kann männliche Gewalt nicht auf im Körper zu isolierende Merkmale zurückgeführt werden. Merkmale und Faktoren, die sich innerhalb sozialer Beziehungen im männlichen Binnenverhältnis sowie zwischen Männern und Frauen ereignen, dürfen nicht außer Acht gelassen werden. Folglich ist m. E. eine enge Definition des Gewaltbegriffs, die sich nur auf personale physische Gewalt bezieht, zur Erklärung von männlicher Devianz,

89 Aggression wird z. B. vorwiegend dem männlichen Geschlecht zugeordnet.

Delinquenz und Viktimisierung reduktionistisch und kann zu verzerrten Wahrnehmungen führen.

Konstruktivistisches Gedankengut, das Gewalt als ein Etikett für bestimmte Formen von Beziehungsregulierung betrachtet, die auffallen, die als bedrohlich empfunden werden, die Opfer und Schäden verursachen, erscheint demgegenüber abstrakt und kaum umsetzbar: Aus dieser Perspektive existieren weder eine spezielle Jungen- und Männergewalt noch eine Mädchen- und Frauengewalt. Was sich jedoch im jeweiligen soziokulturellen Kontext feststellen lässt, sind Häufungen bestimmter Gewaltformen bzw. -vorfälle bei einem der beiden Geschlechter und bestimmte, einem Geschlecht zuordenbare, Opferstrukturen (vgl. Beck 2000: 198).

(Schwere) Gewalt als soziale Möglichkeit und als männliche Handlungsressource ist ,wie bereits ausgeführt, in modernen Gesellschaften nicht verschwunden, und (auch) in der BRD existieren noch hegemoniale Männlichkeitsvorstellungen und -konzepte, die Gewaltausübung als legitime Strategie der Verteidigung von Ehre zulassen, obwohl das Konzept der Ehre in modernen Gesellschaften archaisch erscheint. Darüber hinaus erklärt die männliche Überrepräsentanz in Machtpositionen von Wirtschaft, Politik, Wissenschaft, Medizin, Justiz, Militär und Sport nicht nur – so die sozialwissenschaftliche Perspektive –, dass Männlichkeit mehr gesellschaftliche Macht hat als Weiblichkeit, sondern auch, dass anscheinend der soziale Unterschied[90] zwischen den Geschlechtern größer ist als der biologische Unterschied, der sich – wie erwähnt – in homosozialen Männerkulturen und -bündnissen interpersonal und intellektuell darstellen und verfestigen kann. Wobei nach meinem Dafürhalten männliche Gewalt nicht ausschließlich auf zwischenmenschliche Beziehungs- und Stressdynamiken sowie auf spezifische Verhaltensweisen reduziert werden kann.

Dessen ungeachtet verdeutlicht die männliche Überrepräsentanz in Führungspositionen, dass das hegemoniale Männlichkeitsideal grundsätzlich über ein großes Beharrungsvermögen verfügt und ein effektives, symbolisches Machtinstrument zur Aufrechterhaltung von Geschlechterdifferenzen ist. Andererseits macht diese Ungleichheit auf die Notwendigkeit einer geschlechtssensiblen Kriminologie aufmerksam, welche die Gewalt und ihre Opfer in den jeweiligen sozialen und individuellen Bezügen situations- und kontextbezogen

90 Das soziale Geschlecht ist zwar ein mächtiger Faktor, ob es jedoch mächtiger ist als das biologische Geschlecht, sei dahingestellt. Das Phänomen „appetitive Aggression" lässt daran zweifeln.

wahrzunehmen hat. Soziologische Diskurse, in denen Männlichkeit, Darstellung und Bewältigung des Mannseins ausschließlich auf der Makroebene gesellschaftlicher Modernisierung und Demokratisierung im Rahmen von Hegemonie und Macht erklärt werden und die psychoanalytische und biologische Diskurse sowie die individuelle Ebene außer Acht lassen, sind m. E. ebenso einseitig – trotz innovativer Erklärungsmodelle. Demgegenüber sind wiederum zu Recht traditionelle Erklärungsroutinen[91] in Frage zu stellen, die auf den lombrosianischen Mythos des biologischen Determinismus und auf die Vorstellung vom Verbrechermenschen zurückgehen und auf dem Geschlechtsrollenmodell und einer monolithischen Vorstellung von Geschlechtsidentität fußen.

Die hier vorgestellten und diskutierten Modelle, Konzepte, Ansätze und Phänomene sind ein Versuch, Männlichkeit, Täterschaft und Opferwerdung aus verschiedenen mikro- und makrospezifischen Perspektiven unter Einbezug heterogener Elemente – entsprechend den Foucault'schen Grundsätzen – zu betrachten, wodurch ein intertextuelles und dynamisches Wissens- und Erkenntnisnetzwerk entstanden ist bzw. entstehen soll. Das Spannungsfeld zwischen männlicher Täterschaft und Opferwerdung stößt zwar auf zunehmendes Forschungsinteresse, differenzierte Untersuchungen u. a. zu häuslicher Gewalt, sexuellem Missbrauch an Jungen, schwerer Gewaltkriminalität oder Tötungsdelikten unter Berücksichtigung der männlichen Vulnerabilität und Emotionalität sind rar, wodurch prekäre Dunkelfelder entstehen: „[…] there ist nothing in other criminological perspectives, including Marxist criminology […] or in the new critical criminologies […] that explains why criminal behavior is committed primarily by men and boys" (Messerschmidt 1993: 4) – insofern bleiben viele Fragen offen, die es m. E. weiter kriminologisch zu erforschen gilt.

91 Traditionelle Erklärungsroutinen lauten häufig, dass Gewaltverbrecher über eine psychopathologische Persönlichkeitsstruktur verfügen, von Allmachtsgefühlen getrieben sind und Beachtung für ihre narzisstischen Bedürfnisse suchen. Mitunter wird noch darauf hingewiesen, dass diese Täter in schwierigen Verhältnissen und isoliert leben sowie nur oberflächlich zurückhaltend erscheinen und bereits vor der Tat durch aggressives Verhalten aufgefallen sind.

Ausblick

Kriminologisch relevant für Präventionsmaßnahmen bei Gewaltkriminalität, männliche Täterschaft und Opferwerdung ist, wie mir scheint, v. a. zweierlei: einerseits die von Neitzel/Welzer aufgeworfene Frage, ob und unter welchen Umständen Jungen und Männer von Gewaltausübung ablassen, oder anders gefragt (vgl. Kerner 1991: 309): Wie kann ein Rechtsbewusstsein erzeugt werden, das es Menschen ermöglicht, sich aus eigenem Antrieb konform zu verhalten? Zweitens aber auch: Warum lassen Männerkulturen und -bündnisse keine Vielfalt und somit keine vielfältigen Konfliktlösungsstrategien zu?

Moderne Gesellschaften sind vielfältig, multikulturell und dynamisch, und „moderne" Menschen orientieren sich an flexiblen und offenen Lebensentwürfen. Sie passen sich darüber hinaus notwendigen Veränderungen an. Autokratische, patriarchale Systeme werden sich sukzessive zugunsten von demokratischen und pluralistischen Systemen auflösen, was auch zu einer Neuformulierung der Konzepte von Männlichkeit und Weiblichkeit führen wird, wie ich vermute.

Der Schlüssel für eine Veränderung von Männlichkeit sind für mich u. a. Sensibilität und Vulnerabilität, was zum Abschied vom Macher-, Macho- und Unterdrückerverhalten führen könnte: Hegemoniale Männlichkeit, also eine Männlichkeitsform, die jahrhundertlang durch kulturelle Prozesse geprägt wurde (vgl. Bründel/Hurrelmann 1999: 176–178), ließe sich so womöglich überwinden. In diesem Prozess kann es Jungen und Männern gelingen, aus ihrer Zwangsjacke des *doing masculinity* zu schlüpfen, ihre Emotionalität zu erleben und ihre Opfererlebnisse aufzuarbeiten, ohne dass sie dabei ihre Unabhängigkeit, ihre Kraft und ihren männlichen *drive* einbüßen. Mit anderen Worten: In dem gesellschaftlichen Veränderungsprozess, in den sowohl Mikro- als auch Makrosysteme (Familien, Partnerschaften, Arbeits- und Freizeitbeziehungen sowie Institutionen, Staaten und Kulturen) in der globalisierten Welt eingebunden sind, werden sich die Lebensbedingungen von Frauen und Männern verändern. Niemand kann sich dem entziehen, und niemand wird den althergebrachten Geschlechtsmustern ausgeliefert sein (vgl. Connell 1999: 107).

In der Übergangszeit – so mein Gedankenkonstrukt – formen sich zunehmend metrosexuelle Männlichkeitsentwürfe, d. h. Männlichkeiten, die sich vom alten Männerbild lösen können, die sich an willensstarken Amazonen orientieren – möglicherweise an der hegemonialen Weiblichkeit –, denen Freiräume für ihre eigene Entwicklung gewährt werden, wodurch sich neue Erfahrungsräume eröffnen werden. Die männliche Zufriedenheit, die noch maßgeblich auf das Funktionieren einer äußeren „Hülle", also der häuslichen Stabilität und Ordnung angewiesen war (s. Kapitel 4.2.3), wird sich durch den Zugewinn an innerer Autonomie zunehmend an der eigenen Veränderung orientieren und sich ihr widmen können. Traditionell orientierte Frauen werden in dem männlichen Veränderungsprozess ebenfalls herausgefordert, weil sich demzufolge immer weniger traditionelle Männlichkeiten finden lassen, die dem alten Rollenkonzept des Versorgens, Beschützens und Erzeugens entsprechen (wollen).

Dem ist allerdings einschränkend hinzuzufügen, dass sich negative männliche Potenziale in Krisen- und Stresszeiten offenbaren können und dass sich in Phasen sozialer Not und gesellschaftlicher Umbrüche[92], besonders aber in kriegerischen Auseinandersetzungen aggressive Potenziale, somit auch das Phänomen appetitive Aggression, freisetzen sowie die über Jahrhunderte hinweg aufgebauten „Schranken" zusammenbrechen können (vgl. Brandes 2001: 122).

Daraus folgend und anknüpfend an die eingangs formulierten Fragen, schlage ich im Bereich männlicher binnengeschlechtlicher Gewaltkriminalität für ab 21-Jährige[93] ein geschlechtsspezifisches Forschungsvorhaben in Form eines Planspiels zur Ressourcenschulung vor, in dem weder das männliche Leid und Leiden noch die soziale Lage und Konfliktquellen, die sich u. a. aufgrund von Rasse, Kultur, Bildungsstand oder Alter ergeben, ausgespart werden. Mit Ressourcen sind hier Kraftquellen gemeint, von denen Menschen in Veränderungsprozessen profitieren und mit deren Hilfe sie den damit verbunden Stress bewältigen können. Personale, individuelle und soziale Ressourcen schließen materielle und immaterielle Ressourcenpotentiale wie Bildung und Gesundheit ein, aber auch Talente, Anpassungsfähigkeit, Empathie und Konfliktfähigkeit (vgl. Herriger 2010: 95–98). Ressourcenkräfte entfalten sich mit der Bewältigung konkreter Aufgaben hinsichtlich ihrer Funktionalität für die Zielerreichung sowie anhand der Bewertung durch die Umwelt und des Sinns, den ihr

92 Paul R. Ehrlich warnte bereits 1968 in seinem Buch „Die Bevölkerungsexplosion" vor der weltweiten Zerstörung, die das ungebremste Wachstum der Menschheit zur Folge haben könnte: Der siebenmilliardste Mensch wurde Ende Oktober 2011 geboren.

93 Die PKS führt Tötungsdelikte, Straftaten gegen die persönliche Freiheit und Raub ab dem 21. Lebensjahr an. Im Bereich der binnengeschlechtlichen Gewaltkriminalität wird eine hohe Dunkelziffer vermutet.

die betroffene Person zuschreibt (vgl. Herriger 2010: 94). Ein Planspiel scheint mir insofern geeignet, weil es einen offenen Lernprozess und flexible Rollen zulässt und weil Sozialisations- und Kontrollleistungen von Bezugspersonen eingebunden werden können. Das Handeln steht hierbei im Mittelpunkt, um eine „gelebte" Erfahrung situativ und kontextbezogen zu erleben. In simulierten realen Situationen einer hegemonialen Männlichkeitskultur hat jeder Teilnehmer darüber hinaus die Möglichkeit, in verschiedenen Rollen die Auswirkungen seiner Handlungen in *gender relations* zu evaluieren und zu verändern.

Im weiteren ist das große Feld der Bildung für die (Gewalt-)Prävention relevant. Da Bildung allgemein ein Schutzfaktor gegen deviantes und delinquentes Verhalten darstellt und dazu beiträgt, das Gewaltrisiko zu minimieren, Marginalisierungen und Ehrverletzungen von Männern entgegen zu wirken, empfehle ich im weiteren geschlechtsspezifische Bildungsprogramme. Die *General Strain Theory*, die erklärt, in welchem Umfang sozialer Druck Jugendliche zu Delinquenz führen kann, bietet sich hier m. E. als Basis für die Entwicklung entsprechender Bildungsmodule an.

Jungenerziehung und -förderung bedeutet nicht nur, nach Faktoren zu fahnden, welche die männliche Entwicklung maßgeblich bestimmen, sondern darüber hinaus Kompetenzen auf dem Weg zur inneren Autonomie zu fördern, welche als ein wesentlicher Schutz gegen Gewalt, besonders gegen Beziehungsgewalt, fungieren. Aus diesem Grund ist es m. E. wichtig, frühzeitig auf Jungen und junge Männer einzugehen, ihnen Aufmerksamkeit und Freiräume zu geben, damit sie das Geschlechterverhältnis kritisch reflektieren und einen vom (Geschlechts-)Habitus und von Machtdemonstrationen unabhängigen Lebensstil entwickeln und verfolgen können.

Da pädagogisches Handeln zunehmend auf die Wahrnehmung geschlechtsspezifischer Interessen setzt, kann innerhalb von Bildungsprogrammen ein breites Angebot möglicher Verhaltensweisen in Konflikten, wie sie in sozialen Interaktionen entstehen, gelernt und eingeübt werden. Solches Handeln ist deshalb wichtig, weil das Problematische an der Vorstellung von Weiblichkeit und Männlichkeit m. E. nicht der Geschlechtsunterschied per se ist, sondern die daraus erwachsende Geschlechterhierarchisierung, aus der sich soziale Ungleichheit und das hegemoniale Männlichkeitsgeflecht entwickeln können.

Durch eine Geschlechtsdetermination können Jungen und Männer u. a. in das Spannungsfeld von Täterschaft und Opferwerdung geraten: Zum einen fallen sie häufig negativ auf, werden ermahnt und bestraft. Zum anderen tauschen sie ihre patriarchale Dividende gegen Leid, Schmerz, Einsamkeit, gegen Konkurrenz und das Risiko des Verlierens ein. Der ständige Leistungsdruck führt zu inneren Problemen und Konflikten, die sie aufgrund mangelnder sozialer und emotionaler Kompetenzen nicht imstande sind zu lösen. Dadurch können sie in eine Art doppelte Konkurrenzsituation geraten: zu ihrem eigenen Geschlecht und zum Gegengeschlecht, weil ihnen Mädchen und Frauen überlegen sind, und zwar im Aufbau von Beziehungen und Netzwerken, in der Kommunikation und in der Kooperation.

In der Pädagogik wird darüber hinaus seit geraumer Zeit die Feminisierung problematisiert, d. h. die weibliche Dominanz, die insbesondere bis zum zehnten Lebensjahr der Jungen übermächtig ist. Andererseits haben so m. E. gerade Jungen die Chance, sich emotional weiterzuentwickeln, zu kooperieren, Konflikte positiv zu lösen und Empathie zu erlernen. Das Kriminologische Institut in Niedersachsen hat in diesem Zusammenhang herausgefunden, dass Lehrerinnen Jungen tendenziell benachteiligen, was jedoch die männlichen Lehrerkollegen offenbar ebenso machen. Klassenlehrer werden von Jungen als noch ungerechter empfunden, obendrein geben sie ihren Schülern weniger Wärme, Zuneigung und Anerkennung als ihre weiblichen Kollegen (vgl. Baier et al. 2009: 58). Insgesamt kann hier als Fazit festgehalten werden, dass offensichtlich Jungen und junge Männer im Schulsystem grundsätzlich benachteiligt werden und Pädagogen unabhängig von ihrem Geschlecht aufgefordert sind, mehr Sensibilität für Jungen und ihre Bedürfnisse zu entwickeln und mit ihnen empathischer umzugehen.

Ein wichtiger Ansatz für ein grundlegend neues Konzept im Bereich von Bildung und Prävention für Jungen und junge Männer, aber auch hinsichtlich alternativer kriminologischer Reaktionen scheint mir der Empowerment-Ressourcenansatz [94] zu sein, für den es zahlreiche

94 Empowerment bezeichnet einen Prozess, in dem Menschen befähigt werden, ihr Leben aktiv, selbstbestimmt und verantwortungsbewusst zu gestalten. Empowerment-Prozesse vollziehen sich auf vier Ebenen. Auf der individuellen Ebene wird auf der Basis der eigenen Biografie in Situationen der Machtlosigkeit nach Möglichkeiten gesucht, das Leben wieder selbst zu kontrollieren. Auf der Gruppenebene geht es u. a. um Selbsthilfegruppen, um bürgerschaftliche Projekte, die sich in der Gemeinschaft neue Ressourcen zur Gestaltung der Umwelt erschließen. Auf der institutionellen Ebene versucht man mit Hilfe von Empowerment Türen von Verwaltungen und Behörden für engagierte Bürger und ihre Einmischung zu öffnen. Auf der Gemeindeebene schließlich geht es um die Mobilisierung kollektiver Res-

Betätigungsfelder gibt: im Strafrecht im Rahmen spezialpräventiver Trainingsmaßnahmen, als gerichtliche Auflage bei Diversionsmaßnahmen und grundsätzlich in Bildungseinrichtungen. Auch eignet sich dieser Ansatz für Männerinitiativen zur Wahrnehmung und Durchsetzung ihrer Interessen. Mein Konzept basiert auf konstruktivistischem Gedankengut: Die Teilnehmer konstruieren ihre Wirklichkeit, eine Wirklichkeit, in der Freiräume existieren, ein emotionaler Austausch stattfinden kann und alternative Konfliktlösungsstrategien vermittelt, eingeübt und erlebt werden können. Weder werden Teilnehmer vorgeführt, noch werden Lösungen vorgegeben, sondern der Weg zur (inneren) Autonomie ist ein aktiver und dynamischer Prozess des Verstehens, der entscheidend von den eigenen Erfahrungen und Aktivitäten im Streben nach sozialer Nähe abhängt.

Mit den Worten von John Dewey, einem Reformpädagogen und „Gründervater" des Konstruktivismus: „Die Entwicklung oder Schulung des Geistes kann [...] nur erfolgen, indem eine Umgebung bereitgestellt wird, die zu solcher Bestätigung herausfordert" (Dewey 1993: 66) – eine Umgebung also, in der Jungen und junge Männer ermutigt werden, ihren Schmerz und ihr Leid im Spannungsfeld von Täterschaft und Opferwerdung zu erfahren, zu bewältigen und sich davon zu befreien.

---

sourcen der Bewohner (z. B. einer Gemeinde oder eines Stadtteils), um sie zu ermächtigen und zu ermutigen, sich zu engagieren (vgl. Herriger 1997: 86).

Literatur

Agnew, R. (1992): Foundation for a general strain theory of crime and delinquency, in Criminology 30, Vol. 30 No. 1, S. 47–87, Atlanta: Emory University.

Baier, D./Pfeiffer, Ch. (2007): Gewalttätigkeit bei deutschen und nicht deutschen Jugendlichen. Befunde der Schülerbefragung 2005 und Folgerungen für die Prävention, Hannover: KfN Niedersachsen.

Baier, D. et al. (2009): Jugendliche in Deutschland als Opfer und Täter von Gewalt. Erster Forschungsbericht zum gemeinsamen Forschungsprojekt des Bundesministeriums des Innern und des KfN, Forschungsbericht Nr. 107, Hannover: Kriminologisches Forschungsinstitut Niedersachsen e. V.

Bandura, A. (1979): Aggression. Eine sozial-theoretische Analyse, Stuttgart: Klett-Cotta.

Beck, K. J. (2000): Jungen und Gewalt, in: Bieringer, I./Buchacher, W./Forster E. J. (Hg.): Männlichkeit und Gewalt, Opladen: Leske + Budrich.

Behr, R. (2008): Cop-Culture – Der Alltag des Gewaltmonopols, 2. Aufl., Wiesbaden: VS Verlag für Sozialwissenschaften.

Bly, R. (2010): Eisenhans. Ein Buch über Männer, Reinbek bei Hamburg: Rowohlt Taschenbuch.

Böhnisch, L. (2003): Die Entgrenzung der Männlichkeit, Opladen: Leske + Budrich.

Böhnisch, L. (2004): Männliche Sozialisation, Weinheim und München: Juventa.

Bohnsack, R. (2001): Der Habitus der „Ehre des Mannes". Geschlechtsspezifische Erfahrungsräume bei Jugendlichen türkischer Herkunft, in: Döge, P./Meuser, M. (Hg.): Männlichkeit und soziale Ordnung. Neuere Beiträge zur Geschlechterforschung, S. 49–71, Opladen: Leske + Budrich.

Bott, K. (2007): Kriminalitätsvorstellungen in der Kindheit. Eine explorative, kriminalsoziologische Studie, Wiesbaden: VS Verlag für Sozialwissenschaften.

Bourdieu, P. (2005): Die männliche Herrschaft, Frankfurt a. M.: Suhrkamp.

Braithwaite, J. (1989): Crime, shame and reintegration. Cambridge: Cambridge University Press.

Brandes, H. (2001): Der männliche Habitus, Band 1: Männer unter sich. Männergruppen und männliche Identitäten, Opladen: Leske + Budrich.

Brandes, H. (2002): Der männliche Habitus, Band 2: Männerforschung und Männerpolitik, Opladen: Leske + Budrich.

Brittan, A. (1989): Masculinity and Power, Oxford / New York: TJ Press, Padstow

Bründel, H. / Hurrelmann, K (1999): Konkurrenz, Karriere, Kollaps. Männerforschung und der Abschied vom Mythos Mann, Stuttgart: Kohlhammer.

Butler, J. (1991): Das Unbehagen der Geschlechter, Frankfurt a. M.: Suhrkamp Verlag.

Ciaramicoli, A. / Peschel, E. (2001): Der Empathie-Faktor, München: dtv.

Cohen, S. (1985): Visions of Social Control – Crime, Punishment and Classification, Cambridge: Polity Press.

Connell, R. W. (1987): Gender and Power. Society, the Person and Sexual Politics, Stanford: Stanford University Press.

Connell, R. (1999): Der gemachte Mann. Konstruktion und Krise von Männlichkeiten, Opladen: Leske + Budrich.

Connell, R. (2005): Masculinities. Second edition, Berkeley and Los Angeles: University of California Press.

Deiß, M. / Goll, J. (2011): Ehrenmord. Ein deutsches Schicksal, Hamburg: Hoffmann und Campe.

Dewey, J. (1993): Demokratie und Erziehung. Eine Einleitung in die philosophische Pädagogik, Weinheim / Basel: Beltz.

Dinges, M. (2005): Männer – Macht – Körper. Hegemoniale Männlichkeiten vom Mittelalter bis heute, Frankfurt am Main: Campus.

Döge, P. (2011): Männer – die ewigen Gewalttäter? Gewalt von und gegen Männer in Deutschland, Wiesbaden: VS Verlag für Sozialwissenschaften.

Elbert, T. / Weierstall, R. / Schauer, M. (2010): Fascination violence: on mind and brain of man hunters, in: European Archives of Psychiatry and Clinical Neuroscience, 260, S. 56–61.

Engelhardt, D. (1972): Diskussionsbeitrag, in: Kriminologisches Journal, Heft 4, S. 56–61: Juventa.

Enzmann, D. / Brettfeld, K. / Wetzels, P. (2003): Männlichkeitsnormen und die Kultur der Ehre. Empirische Prüfung eines theoretischen Modells zur Erklärung erhöhter Delinquenzraten jugendlichen Migranten, in: Oberwitter, D. / Karstedt, S. (Hg.): Soziologie der Kriminalität, S. 264–287, Sonderheft 43, Köln: Kölner Zeitschrift für Soziologie und Sozialpsychologie (KZfSS).

Fichtner, U. / Kurbjuweit, D. (2011): Des Menschen Wolf, in: DER SPIEGEL, Nr. 21, Hamburg, S. 74–85.

Foucault, Michel (1976): Überwachen und Strafen, Frankfurt a. M.: Suhrkamp.

Foucault, M. (1981): Archäologie des Wissens, Frankfurt a. M.: Suhrkamp.

Freud, S. (1972): Abriß der Psychoanalyse. Das Unbehagen der Kultur, Frankfurt a. M.: Fischer Taschenbuch.

Galtung, J. (1975): Strukturelle Gewalt. Beiträge zur Friedens- und Konfliktforschung, Reinbek bei Hamburg: Rowohlt Taschenbuch.

Glasersfeld, E. (1996): Radikaler Konstruktivismus – Ideen, Ergebnisse, Probleme, Frankfurt a. M.: Suhrkamp.

Gruen, A. (1986): Der Verrat am Selbst. Die Angst vor Autonomie bei Mann und Frau, München: dtv.

Hagemann-White, C. (1984): Sozialisation: Weiblich – männlich?, Opladen: Leske + Budrich.

Hearn, J./Morgan, D.H.J. (1990): Men, Masculinities and Social Theory, London: British Sociological Association.

Hearn, J. (1992): Men in the public eye. The construction and deconstruction of public men and public patriarchies, London: Routledge.

Herriger, N. (2010): Empowerment in der Sozialen Arbeit: Ein Einführung, 4. Aufl., Stuttgart: Kohlhammer.

Hirschi, T. (1969): Causes of Delinquency, New Brunswick/New York: Transaction Publ.

Jäger, S. (2009): Kritische Diskursanalyse. Eine Einführung, Band 3, Münster: Unrast.

Janshen, D. (2001): Militärische Männerkultur in der Spannung zum Zivilen. Zur Konstitution der Geschlechterverhältnisse, in: Döge, P./Meuser, M. (Hg.): Männlichkeit und soziale Ordnung. Neuere Beiträge zur Geschlechterforschung, S. 73–84, Opladen: Leske + Budrich.

Jehle, J.-M. et al. (2010): Legalbewährung nach strafrechtlichen Sanktionen. Eine bundesdeutsche Rückfalluntersuchung 2004–2007, Berlin: Bundesministerium der Justiz (Hg.).

Katz, J. (1988): Seductions of Crime. Moral and sensual attractions in doing evil, New York: Basic Books.

Keller, S. (1999): Motivation zur Verhaltensänderung. Das Transtheoretische Modell in Forschung und Praxis, Freiburg: Lambertus.

Kerner H.-J. (1991): Kriminologie Lexikon, 4. Aufl., Heidelberg: Kriminalistik Verlag.

Kersten, J. (1997a): Risiken und Nebenwirkungen: Gewaltorientierungen und die Bewerkstelligung von „Männlichkeit" und „Weiblichkeit" bei Jugendlichen der *underclass,* in: Krasmann, S./Scheerer, S. (Hg.): Die Gewalt in der Kriminologie. Kriminologisches Journal, 6. Beiheft, S. 103 f.

Kersten, J. (1997b): Gut und (Ge)schlecht, Berlin: Walter de Gruyter & Co.

Lamnek, S. (2007): Theorien abweichenden Verhaltens I. „Klassische" Ansätze, 8. Aufl., Paderborn: Wilhelm Fink.

Lamnek, S. (2008): Theorien abweichenden Verhaltens II. „Moderne" Ansätze, 3. Aufl., Paderborn: Wilhelm Fink.

Loss, P. (1999): Zwischen pragmatischer und moralischer Ordnung. Der männliche Blick auf das Geschlechterverhältnis im Milieuvergleich, Opladen: Leske + Buderich.

Merton, R. K. (1979): Sozialstruktur und Anomie, in: Sack,F./König, R. (Hg.): Kriminalsoziologie, 3. Aufl., S. 283–313, Wiesbaden: Akademische Verlagsgesellschaft.

Messerschmidt, J. W. (1993): Masculinities and Crime. Critique and Reconceptualization of Theory. Maryland: Rowman & Littlefield Publishers, Inc.

Metz-Göckel, S./Müller, U (1986): Der Mann. Die Brigitte Studie. Weinheim/Basel: Beltz.

Meuser, M. (1998): Geschlecht und Männlichkeit. Soziologische Theorie und kulturelle Deutungsmuster, Opladen: Leske + Budrich.

Meuser, M. (1999): Gewalt, hegemoniale Männlichkeit und „doing masculinity", in: Löscher, G./Smaus, G. (Hg.): Patriarchat und Kriminologie. Kriminologisches Journal, 7. Beiheft, S. 49–65.

Meuser, M. (2001): „Ganze Kerle", „Anti-Helden" und andere Typen. Zum Männlichkeitsdiskurs in neuen Männerzeitschriften, in: Döge, P./Meuser, M. (Hg.): Männlichkeit und soziale Ordnung. Neuere Beiträge zur Geschlechterforschung, S. 219–235, Opladen: Leske + Budrich.

Meuser, M.(2010): Geschlecht und Männlichkeit. Soziologische Theorie und kulturelle Deutungsmuster, Wiesbaden: VS Verlag für Sozialwissenschaften.

Milgram, S. (1974): Das Milgram-Experiment. Zur Gehorsamsbereitschaft gegenüber Autorität, Reinbek: Rowohlt.

Morgan, A. (1989): Masculinity and Power, Oxford/New York: TJ Press.

Neitzel, S./Welzer, H. (2011): Soldaten. Protokolle vom Kämpfen, Töten und Sterben. Frankfurt am Main: S. Fischer.

Neubacher, F. et al. (2011): Gewalt und Suizid im Strafvollzug – Ein längsschnittliches DFG-Projekt im thüringischen und nordrhein-westfälischen Jugendstrafvollzug, in: Bewährungshilfe – Soziales, Strafrecht, Kriminalpolitik, Jg. 58, Heft 2, S. 133–146: Forum Verlag Godesberg.

Nissen, U. (1998): Kindheit, Geschlecht und Raum. Sozialisationstheoretische Zusammenhänge geschlechtsspezifischer Raumaneignung. Kindheiten Bd. 11. Weinheim/München: Juventa.

Nisbett, R. E./Cohen, D. (1996): Culture of Honor. The Psychology of Violence in the South, Colorado/Oxford: Westview Press.

Oberwittler, D./Kasselt, J. (2011): Ehrenmorde in Deutschland 1996–2005. Eine Untersuchung auf der Basis von Prozessakten. *Polizei + Forschung*, Bd. 42, Bundeskriminalamt (BKA), Kriminalistisches Institut (Hg.), Köln: Wolters Kluwer.

Pech, D. (2002): „Neue Männer und Gewalt", Opladen: Leske + Budrich.

Peters, H. (1972): Psychologie als Legitimation, in: Kriminologisches Journal, Heft 4, S. 126–130: Juventa.

Peters, H. (2009): Devianz und soziale Kontrolle – Eine Einführung in die Soziologie des abweichenden Verhaltens, Weinheim/München: Juventa.

Pfeiffer. D.-K./Scheerer, S. (1979): Kriminalsoziologie. Ein Einführung in Theorien und Themen, Stuttgart: Kohlhammer.

Pross, H. (1978): Die Männer. Eine repräsentative Untersuchung über die Selbstbilder von Männern und ihre Bilder von der Frau, Reinbek bei Hamburg: Rowohlt.

Sack, F. / König, R. (1979): Kriminalsoziologie, Wiesbaden: Akademische Verlagsgesellschaft.

Scheithauer, H. (2003): Aggressives Verhalten von Jungen und Mädchen, Göttingen: Hogrefe.

Schütze, F. (1983): Biografieforschung und narratives Interview. In: Neue Praxis, Heft 3, S. 283–293.

Senger-Lindemann, A. (2000): Alkohol-Räusche und die Suche nach dem Mann-Sein, in: Bieringer / Buchacher / Forster (Hg.): Männlichkeit und Gewalt, Konzepte für die Jungenarbeit, Opladen: Leske + Budrich.

Sutherland, E. H. (1973): On Analyzing Crime, Chicago: University of Chicago Press.

Weierstall, R. et al. (2011): The thrill of being violent as an antidote to posttraumatic stress disorder in Rwandese genocide perpetrators, in: European Journal of Psychotraumatology, S. 1–8.

Weierstall, R. / Elbert, T. (2011): Lust auf Gewalt – zwischen alltäglicher Grausamkeit und psychopathologischem Verhalten, in: Kriminalisitik, vorgelegt, S. 1–17.

Windzio, M. / Kleimann, M. (2006): Mediennutzung, Kriminalitätswahrnehmung und Einstellung zum Strafen, in: Soziale Welt 57.

Zimbardo, P. (2008): *Der Luzifer-Effekt.* Die Macht der Umstände und die Psychologie des Bösen, Heidelberg: Spektrum Akademischer Verlag.

Zulehner, P. / Volz, R. (1999): Männer im Aufbruch. Wie Deutschlands Männer sich selbst und wie Frauen sie sehen. Ein Forschungsbericht, 2. Aufl., Ostfildern: Schwabenverlag.

Internetquellen (Zugriff vom 15.04.–10.11.2011)

Bundesministerium des Innern (Hg.): Polizeiliche Kriminalstatistik 2011, http://www.bka.de/nn_205960/DE/Publikationen/PolizeilicheKriminalstatistik/pks__node.html?__nnn=true.

Statistisches Bundesamt Wiesbaden (Hg.): Strafvollzugsstatistik 2011,

http://www.destatis.de./ZahlenFakten/GesellschaftStaat/Rechtspflege/Aktuell.html

Wörterbuch der Sozialpolitik, Stand: 14.06.2010: http://www.social-info.ch/cgi-bin/dicopossode/.

Oberwittler, Dietrich/Kasselt, Julia, Ehrenmorde in Deutschland – 1996 – 2005 Publikation der BKA-Reihe Polizei + Forschung Band 42: http://bka.de.

Baier, D./Pfeiffer, Ch.: Gewalttätigkeit bei deutschen und nicht deutschen Jugendlichen. Befunde der Schülerbefragung 2007/2008 und Folgerungen für die Prävention, Hannover, 2007, http://www.kfn.de/Forschungsbereiche_und_Projekte/SchuelerbefragungenSchuelerbefragung_200708_FOB_II.html

Enzmann, D./Brettfeld, K./Wetzels, P., Männlichkeitsnormen und die Kultur der Ehre. Empirische Prüfung eines theoretischen Modells zur Erklärung erhöhter Delinquenzraten jugendlichen Migranten, in: Oberwitter, D./Karstedt, S. (Hg.), Soziologie der Kriminalität, S. 264–287, Sonderheft 43, Köln, 2003, http://www.uni-koeln.de/kzfss/archiv03-05/ks03shab.html

Abkürzungen

BKA	Bundeskriminalamt
bzw.	beziehungsweise
bspw.	beispielsweise
d. h.	das heißt
ebd.	ebenda
f. / ff.	folgende, fortfolgende
ggf.	gegebenenfalls
GLMN	gewaltlegitimierende Männlichkeitsnormen
i. S. v.	Im Sinne von
JVA	Justizvollzugsanstalt
KfN	Kriminologisches Forschungsinstitut Niedersachsen
m. E.	meines Erachtens
PKS	Polizeiliche Kriminalstatistik
PTBS	posttraumatische Belastungsstörung
s. S.	siehe Seite(n)
s. o.	siehe oben
StGB	Strafgesetzbuch
u. a.	unter anderen / unter anderem
usw.	und so weiter
u. v. m.	und vieles/vielem mehr
vgl.	vergleiche
vs.	versus
z. B.	zum Beispiel
z. T.	zum Teil

Zeitfracht Medien GmbH
Ferdinand-Jühlke-Straße 7
99095 Erfurt, Deutschland
produktsicherheit@kolibri360.de